軌跡と証言

ある人への告白

塩川正十郎

藤原書店

疾風は勁草を知り、
日久しくして人心を見る

2009年（撮影・市毛實）

縁が縁を呼ぶ。会う人は皆師匠と思え

子ども時分から大学、兵役のころ

兄弟での記念写真。左上で学生服姿が私（塩川）、右隣が父・正三。

慶應大学に在学していた頃。

1944 年（昭和 19 年）、千葉県中央習志野陸軍学校にて。このときの階級は伍長だった。前列向かって左端が私。

妻と、家族と

1999年（平成11年）、東洋大学板倉キャンパス正面にて。
妻・鈴子と。

1960年（昭和35年）8月頃、家族で上高地へ。私と母・美彌、
長男の耕士（6歳）、次男・昌宏（0歳）、長女・真理子（3歳）。撮影は妻・鈴子。

成功は苦心の日に、敗事は得意のときにあり

初当選、福田派入り、そして大臣へ

1967年（昭和42年）1月、衆議院選に立候補。岸信介首相に応援演説を受ける。結果は74,625票を得て初当選。

初当選のころ。体重は75キロほどあり、体格がよかった。

1967年（昭和42年）、初当選早々、衆議院本会議で「地方公務員定年制法案」の質問に立つ。

1977年（昭和52年）、ロンドンサミットへ向かう途中、スイスのチューリッヒへ立ち寄った。当時私は、福田首相のもとで官房副長官をつとめていた。

財務大臣在任時、金融財政委員会で特別会計のあり方について答弁。

1996年（平成8年）、自民党訪中団団長として訪中。人民大会堂で江沢民主席と会談。1時間20分の激論のあと、握手。再会を約束する。

老《ろう》驥《き》伏《ふく》櫪《れき》 志在千里　前を向いて歩こう

衆議院議員を辞し、ロスタイムへ

2005年（平成17年）2月22日、マレーシア王国クアラルンプールの宮殿にて、国王から同国最高の勲章（パングリマ・セティア・マコタ）を授与される。さらに、イスラム社会での高位爵位（タンスリーという）の称号も受ける。

2007年（平成19年）5月、ウィーンで開催された、インター・アクション・カウンシル（通称OBサミット）に出席。世界の大統領・首相経験者、宗教指導者などが集まり、人類が直面する政治・経済・社会・倫理等の問題について提言をする会議。1983年（昭和58年）に福田赳夫元首相が提唱されたのが始まり。

TBS「時事放談」の楽屋にて、御厨貴先生（東京大学教授）やスタッフと談笑。

2004 年（平成 16 年）2 月、財団法人・関西棋院の理事長に。

2005 年（平成 17 年）、盟友であった、薬師寺 127 代管主・
高田好胤師を偲ぶ会にて。

2006年（平成18年）、塩川一家でイタリア・カプリ島を旅行したときのスナップ。後列中央・私の右横の男性が招待者のミケーレ・レジャーニ氏。

はじめに

人類の歴史を繙《ひもと》くと、文明の発達衰退に応じて、政治経済のありようもそれに相当するものとなっている。蒸気機関からはじまる産業革命までの時代は、人口と食糧と雇用は、バランスがとれ封建社会として安定していた。自然災害と侵略の脅威を、如何に対応して処理するかが政治であった。この時代の政治は、治世の要諦は政治を担当する首領の〝人徳〟であって、テクニックではなかった。徳をもって政《まつりごと》をなす単純明瞭なものであった。

人間が道具を使って文明の程度を激変させた後は、政治は徳と愛とで処理出来なくなり、〝陰謀術策〟が政治家の能力基準となってきた。治世の能吏が排除され、乱世の姦雄が評価される。

変化が続き高度文明社会になってから、戦争のたえざる時代となった。知識が高級化し選択肢が広がり、政治が〝徳〟から〝力〟に変質したからであると思う。

二一世紀に移行して政治家は、二〇世紀の力の政治、物質支配の政治から目覚めて、人類の共通の目標は何かを確認し、自責を負担すべきときにきた。

私は、一九六七年（昭和四二年）衆議院に初当選した。当時の衆議院選挙は中選挙区制で、日本人の政治訓練によくマッチした制度であったので、いわゆる政治家が多かった。したがって議員は、政治の実績を積み上げることで自己のプレゼンスとし、政治実績に満足する人が多かった。最近小選挙区制に変更されてからは、政治家は極端にポピュリズム化し、国家民族の公共性を中心とした政治活動よりも、当選を先行するサラリーマン化し政治屋になってきた。能臣も姦雄も存在しなくなった。

私が国会議員をしていた一九六七年（昭和四二年）から二〇〇三年（平成一五年）までの三七年間の政治経済の変革には激しいものがあった。まず国勢の進展につれて、社会風俗がアメリカナイズして、さらに物事の判断に公共の精神は消え去り、功利主義になった。従来の淳風美俗はなくなりつつある。政治家は目立つことに執着し、企業家は社会的責任よりも自己利益を優先するようになった。

このような激流にあって私は、ただ黙々と自分が責任ある仕事だと思い込んだことに専心して、時流に迎合もせず、背を向けて独自性を目立たせようともしなかった。いわゆる平々凡々たる政治家として自己責任を果たしてきたと自覚している。

私にとってただ一つ自己満足していることは、どのような時期に仕事に邁進しようとも、いつも好運に恵まれたことである。例えば一九四三年（昭和一八年）一二月、現役兵として野砲兵第四連隊に入隊したが、私は経理将校を志望せず、本科兵として予備士官学校に入り、同校の同期生の大部分が沖縄と満州に転属したが、私達一〇名は支那派遣軍となった。無事復員し同期生の殆どが戦死しているのに、私は今なお余生を享受している。政治に入った時の政権政党自民党に籍を置き、福田派に入会した。後援会の幹部会では、飛ぶ鳥を落とす勢いの田中派に入ったらと世話をしてくれる親切があったが、岸信介先生の助言で、終始福田赳夫先生や安倍晋太郎先生の指導をうけた。終始非主流であったが、お陰様でこれらの先輩の余慶に充分恵まれた政治生活を過ごしてきた。平凡であったが、激流を乗り切ってきたことは事実である。

いま米寿を迎え、記憶も薄くなってきたとき、かねて昵懇にしている読売新聞編集委員の尾崎和典記者から、同新聞の人気連載である「時代の証言者」に生涯歴を残さないかと勧誘をうけた。大新聞に記録されることは欣快である。ちょうどその時期、東京大学の御厨貴教授と東北大学の牧原出教授から、オーラルヒストリーに証言者として話を聞きたいとの申出があったので、拙なく平凡な政治の軌跡であるが、残しておくことにした。本書は尾崎記者による「時代の証言者」の記事を全面的に拝借し、さらに私の当時の感覚を加味して文章化したものである。私は文章を書くとき必ず特定の関係者を予め対象にして書くので、文章が口語体になったり語り調になったり、甚だ行儀の悪いものになってしまったが、適当に判読していただきたい。文体の不揃いや記事の整理等難問があったので、私の友人で学術書や堅物の出版社、藤原書店の協力を得て本書を出版することにした。原稿の整理や校正に編集者である渡邉由希さんのお手伝いをお願いして、やっと書店で並べてもらえるようになった。各位に篤く感謝し、御礼を申し上げます。

なお表紙の題字は尾崎邑鵬氏（日本藝術院賞受賞、日展常任総務）に揮毫《きごう》してもらった。

本書によって私が千歳に恥を残すことになると思うが、わが人生が世間に迷惑かけず、時には些少なりとも国家や地域の繁栄発展に寄与し得た実績を書き残すことに満足もしている。

願わくば御笑読下されば幸甚に存じます。

二〇〇九年五月

塩川正十郎

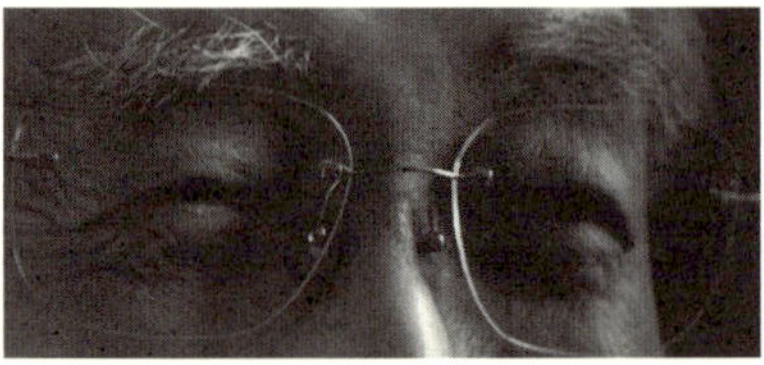

ある凡人の告白　目次

ある凡人の告白

軌跡と証言

装丁／作間順子
カバー・本文写真／市毛　實
題字／尾崎邑鵬
署名／塩川正十郎

序　岸信介先生の思い出

――安保条約改定の裏にあった経済復興への約束――

米国特許の公開、国際条約改定などへのアメリカの協力を取り付け、我が国産業復興への道筋をつけた岸先生

私は岸先生の推薦で、代議士になりました。時々、先生は夜暇なときに私たち新しい議員を呼んで、政治の過去のいろいろな経験を話してくださいました。そのなかで例えば、満州国を建設するときの経緯等は、興味深いものがありました。

岸先生は「日本の財政資金を持ち出して満州国の建設・運営の資金を作ったことはな

い。あくまでも満州の地力でだった。満州には豊富な資源があり、日本の技術を貸すことで経済力がつき、産業も発展した。関東軍との間で意見の相違はしばしばあったが、私は我慢してねばり強く事にあたったので、それほど現地の人からは恨まれていないはずだ」とおっしゃいました。

また戦後のことについて、先生は次のようにおっしゃいました。

「アメリカ占領軍からA級戦犯容疑で巣鴨に収監されたが、厳しい尋問や法廷に立ってのやりとりはあまりなかった。他のA級戦犯との扱いが大きく違うという印象を持った。とりわけ講和会議が行われる前後から、私に対してのアメリカの接触が非常に寛大になってきた。この寛大になった理由はなにかと考えてみると、戦後の後始末については吉田首相や鳩山さんという旧い時代の民主政治家でいいだろうけど、講和会議後の東西陣営の対立がきびしくなり、また日本の左傾化が強くなってきたこと等を考えると、日米関係を占領時よりもっと強力な関係にしなければならぬので、強力な政治を推進する政治家が必要である。そこでアメリカは私に、その政治家としての力量を期待しておったんではないかと思う。そのために私は無傷で早々に、巣鴨を出獄した。これは他の人から見たらとても異例に思うだろうけど、私自身は、アメリカが私に期待していたことがほのかに分かっていた。出獄すると同時に、まずアメリカの事情を知るということで、アメリカに渡り、いろいろな有力者、特に政治家と面接をしてみた。そうすると日本は独立をしたけれど、産業の復興ができにくい。そのためには、アメリカと吉田首相が結んだ日米協議以外に、もっと日米の間に対等な条約を結ぶ必要があり、同時に日米間に軍事的協定のみならず経済や文化等の面でも協力し合う関係を樹立する必要があるとの意見が双方から発起された。日米安保条約の改定をアメリカから提案してきた。そのかわり私は、日本の産業が復興できるように特許であるとか、通商関係であるとか、そういう経済の基盤となるような技術、国際条約関係の加盟および参入が出来るようアメリカの援助が欲しいと言った。それでアメリカの了解を取り付けた。そのような理由から安保条約の改定を懸命にやった」。

さらには、「日米安保条約というのはただ単に防衛問題ということではなしに、日本の経済復興の基礎を創るために非常に大切だった。しかしそれをあまり言われずに、軍事上の問題ばかり取り上げられていたのはとても残念だ」とおっしゃっていましたね。

革命前夜のような大騒動をした日米安保条約が成立した直後、米国からの経済支援があった。それが特許第一号の〝ナイロン〟であった。その後直ちにＧＡＴＴに加入、国連加盟と日本の地位向上に力を貸してくれた。戦争は悪事で相互に憎しみと恨みをつくったが、日本の今日の繁栄の基盤作りに米国の大きな力があったことは事実である。

I 証言

小泉改革「まだ中途」

おかげさまで、一〇月一三日に八七歳の誕生日を迎えました。胃がんをやりながら、よう来れたと思いますわ。今も、平日は東京、週末は大阪と、政治家時代と変わらず元気にやっとります。

九月二六日には、建築家の安藤忠雄さんや関西経済界の有志の方々に、米寿を祝う会を大阪のホテルで開いて頂きました。八五〇人が来られ、政治家冥利に尽きるというものです。

私が財務相として仕えた小泉元首相がゲストで来てくれたんですが、小泉が前日、政界引退を表明したんで、マスコミに注目される会になってしまいました。小泉は「改革への思いを燃え尽きさせようと五年半やってきた。だから総理を終えたら議員も辞めようと思っていた」と言ってました。

《小泉内閣は二〇〇一年四月から約五年半、「聖域なき構造改革」に取り組んだ。塩川氏は前半の二年半、財務相として支えた》

できれば小泉には首相をもう少しやらせたかった。小泉改革が中途半端になってしまったからですわ。

小泉改革は功罪半ばすると思うんですよ。罪とされる格差拡大や地方の疲弊は、構造改革がなお途中であるためです。功は、閉塞《へいそく》感に覆われていた日本に明るさをもたらした。将来へ向けて世の中を変えるんだという意識改革ですな。政治的には、自民党を支えた政官業の既得権益構造と官主導の政治を変えるということ。それが「自民党をぶっ壊す」ということですわ。

私が衆院議員になったのは佐藤政権の時でした。その後、三角大福中（三木武夫、田中角栄、大平正芳、福田赳夫、中曽根康弘）の時代となるわけですが、佐藤政権末期から田中角栄が力を持ったですな。政官業の癒着構造は田中政治によって形作られたものです。「田中支配」、その流れをくむ「竹下派支配」の自民党にあって、私ら福田系は長いこと踏みつけにされてきました。私も小泉も、政官業の癒着構造と一体の「田中的自民党」を変えたいと思って来たんです。小泉内閣で、ようやっと仕掛けることができました。

オヤジの勧めで慶應へ

政治の道に入ったんは、要はオヤジですな。オヤジはね、田舎の政治家でした。一九五八年（昭和三三年）に亡くなった後、代々信徒総代をやってる奈良・秋篠寺に行きましたら、住職が「お前、オヤジの相続したって言うけど、済んどらんじゃないか」と言うんですね。「いや、全部税金も払った」と。そしたら「君の相続する遺産は土地や株やのうて、お父さんの名跡やないか」と。この住職の諭しが後に、政治家を志すことにつながっていくんです。

オヤジは正三、お袋は美彌《みね》と言います。今の大阪府東大阪市、昔の中河内の布施というところで生まれました。七人兄弟姉妹の二番目。長男です。

オヤジは政治が好きやったですね。私の家、比較的土地持ってましたから、道楽半分っていうか、若いころから村の世話役やったりして、布施の町長、市長をやってました。三四年に室戸台風がありましてね。大阪港近くの工場地帯が水浸しになって、中小企業や職人が奈良に近い私らの方へ移って来たんです。それで、オヤジは、町営住宅や道路、水道なんか作って、区画整理事業なんかもやって、近代的な街作ったんですよ。そんなんでオヤジ、割と人望があったんですね。

《室戸台風は昭和九年九月、高知県室戸岬付近に上陸。多数の家屋が倒壊し、船舶も沈没した。大阪湾では高潮が発生し、沿岸に大きな被害が出た》

お袋はというと、子どもの世話とオヤジのお守りとで、苦労しとったと思いますよ。東京への陳情なんかは自腹ですから、そのたびに土地売ってましたが、お袋がみんな手続きをやってましたね。「またか」と言いながらね。僕は無駄なことやっとるなあ、という感じだったね。だから、あまり政治は好きじゃなかった。本当はね。

私ら子どもにも、ぜいたくさせてくれました。私は普通の旧制高等学校に行こうと思って、勉強してたんですけどね。一高とか三高とか、そんなとこはとても駄目で、地方の高等学校やったら何とか行けるでえ、という程度やったんですわ。ところが、オヤジが

「地方の学校よりも東京に行け」と言い出し、慶應の願書を持ってきて「受けろ」と。それで慶應に入ったんです。三九年春のことです。

旧制中学の時から、新聞記者になりたいと思っとったんですよ。近くに『朝日新聞』のヨーロッパ特派員の人の家があって、ナチス・ドイツの侵略とか、報道していました。慶應に入った時、新聞記者みたいな仕事をやってみたいなという気持ちを持っとったですね。

東京ではオヤジの知り合いの画家の家で、恵まれた下宿生活を送りました。納豆が大好きなんですが、食べられるようになったのは下宿生活のおかげです。当時、慶應は関西出身の学生が多かったんですよ。ですから、学校の中でも関西弁が普通に通じていたんですね。それで、今もその癖が抜けません。

学徒出陣、マラリアに

慶應大学は経済学部でした。送球（ハンドボール）部に入って、親しい級友と南、北のアルプスや東北地方の八幡平、蔵王に登ったりして、青春を謳歌《おうか》しましたね。

《一九四一年（昭和一六年）一二月八日、日本はハワイ真珠湾の米軍を攻撃。米英に宣戦布告し、太平洋戦争に突入した》

今も鮮明に覚えてますよ。その朝、何も知らずに下宿先を出て、日吉（横浜市）のキャンパスに行ったんですね。壮士風の青年が「米英と戦争に入った」と演説しとるんです。皆、「やった」「やった」と万歳万歳ですわ。私は「こりゃ、えらいことやりだしたな。日本勝てんのかいな」と思いましたね。

四三年一〇月、文系学生の徴兵猶予が撤廃されました。それは覚悟してましたな。東京・明治神宮外苑競技場で行われた学徒出陣の壮行会に、慶應の代表団の一員として参加しました。言いようのない緊張と不安で胸が締め付けられる気がしました。土砂降りのあと、細い雨が降ってましたな。

その一二月、軍隊に入る時に、オヤジが力んでしまってね。皆の前で「私の子どもが入隊することになった。子ども七人おるんだから、一人ぐらいは靖国神社に祭ってもらわないと、塩川家も名誉がない」とか、平気で言ってるんですね。世の中はそういう雰囲気やったんですよ。

翌年、中国大陸に派遣されたんです。各地を転戦したんですが、大きな戦闘に遭うこともなく、終戦になりました。僕らは非常に幸運やったと思います。しかし、慶應で一緒に山に登った級友は、南方で戦死しました。あんな悲惨な戦争は二度と起こしてはなりません。

中国・青島で武装解除され、捕虜生活を送って、四六年一月に復員しました。入隊時にあんなこと言ってたオヤジは、「よう帰ってきた」と大きな声で泣きながら迎えてくれましたね。

でも、マラリアにかかっていたんです。二年間入院するなど、苦しめられましたよ。体調が悪かったこともあって就職もせんで、家の不動産管理をやったり、商売したり、信用組合をやったりしてました。

五五年ごろでしたかね、青年会議所（ＪＣ）運動が全国で展開されていたんです。「塩川、お前やらんか」ということで、布施に青年会議所作ったんですよ。そして、中小企業の問題なんかに取り組んでいたら、青年会議所の欧州研修団の一員に選ばれたんです。

六〇年秋、欧州一〇か国を二か月半かけて回りました。見るもの聞くもの新鮮でした。日本は何と遅れていることかと。一一月、ロンドンにいた時、米大統領選でジョン・Ｆ・ケネディが当選したのを知りました。大統領就任演説で「国家が諸君のために何をしてくれるかを問うな。諸君が国家に何をなし得るかを問いたまえ」と、格好よかったですな。新しい時代が来たと刺激を受けました。

助役経て四五歳で初当選

青年会議所の欧州視察に参加した一九六〇年（昭和三五年）は、日米安保改定問題で日本は騒然としてましたね。オヤジの親友に地元衆院議員の大倉三郎という方がいたんです。安保改定を進めた岸信介首相派で、応援に僕らも東京に行きましたよ。デモ隊とぶつかって、国会まで行くのが大変でしたね。私も「日米関係をちゃんとしなきゃ駄目だ」と強く思ってました。

《岸内閣は日米安全保障条約の改定に取り組み、六〇年六月に新条約が国会で批准された。全国的に安保反対の闘争が展開され、アイゼンハワー米大統領来日は中止。七月に岸内閣が退陣、池田内閣が誕生した》

欧州視察は安保改定の後でしたから、政治に目が向いていたんでしょうな。そして、奈良の住職から「父親の名跡をなぜ継がんのか」と言われてもいましたから、欧州視察を機に「政治家へ」という思いが強まってきましたね。オヤジの後援者や仲間からも、「お前、なんで政治やらんねん。商売より、やりがいあるやないか」と言われるようになったんです。

転機は六四年でした。オヤジの友人の布施市長が「とにかく一回、助役を経験して勉強せい」ということで、布施市の助役兼三市（布施、河内、枚岡市）合併事務局長になった。行政なんて何にもわからんかったけど、調整と説得を一生懸命やりましたな。病院をどこに建てるかとか。二年ほどで話がまとまって、今の東大阪市が生まれるんです。合併事務局長としての私の評価は高かったですよ。

《佐藤政権下の六六年、自民党議員の逮捕や共和製糖の不正融資事件など不祥事が相次ぎ、一二月に「黒い霧解散」に追い込まれた》

その年の秋に、大倉さんが病気したんです。「もう選挙できんから、お前、次の選挙に出ろ」と。運が良かったんですね。大倉さんの親分、岸先生からも「全面的に応援してやる」と言われました。でも、自民党公認がなかなか取れない。岸先生が、幹事長だった福田赳夫先生に談判されて、ようやく取れたんです。

選挙は初めてだし、準備期間がほとんどない。ポスターができたのも公示直前。演説会を開きたくても、公共施設は他候補におさえられている。寒風肌さす中、街頭演説ばっかやってました。スローガンは「たいまつの火は若人に引き継がれる時が来た」。ケネディ大統領のマネです。黒い霧解散ですから、若々しい清潔な政治を訴えました。

岸先生は二回応援に来てくれました。それから、当時、新進気鋭の宮沢喜一さんですね。間違って僕の選挙区に入って来たんです。知らんかったけど、僕は飛んで行って宮沢さんを捕まえて、「すみません。応援お願いします」と。宮沢さんは「しょうがない。あんたの応援しましょう」とやってくれました。えらい感謝してます。

四人区に七人が立候補し、私は二番目で初当選しました。四五歳でした。

福田派入り、政治家修業

一九六七年（昭和四二年）一月の衆院選で初当選した当時、自民党には佐藤、前尾、福田、中曽根、三木などの多くの派閥がありました。私は当然、応援いただいた岸信介先生の流れをくむ福田派に入ると思われていたんですが、すぐに入らなかったんです。派閥なんてよう知らんかったんですわ。で、「岸先生が『塩川はなぜ福田のところに行かないんだ』と困っている」と人から言われて、ようやく入りました。

福田派の事務所は旧赤坂プリンスホテルにありました。週一回の朝食会は面白かったですよ。戦前からの政治家もいて、論客が随分おったんです。漢籍に強い人は故事を引いたり、歴史を鏡として時の政治を批判したり。法案とか政策の話では、かんかんがくがくの議論。ものすごく勉強になりました。派閥には人材育成というういい面があったんです。

福田赳夫先生は当時、佐藤政権の幹事長で、「佐藤の後は福田」と言われていました。福田先生に物言うのは最初のころは、緊張しましたね。何でも知っているから、鋭いんですよ。ぴし、ぴし、としていた。寛大な雰囲気があった岸先生とはだいぶ違う。でも、福田先生は非常に面倒見のよい人でしたねえ。こんなことがありました。

「君はカネどなんしよるんだ。井戸掘って水くみ出して、その水で政治やったら続かんぞ。井戸に毒入ったらどうするんだ。そういう政治家もおるからな」と。後で思うと田中角栄のこと言ってるんですよ。それで、「岩清水のようにわき出てくる水を使え。後援会を作ってカネ出してもらって、それを政治資金に使え」と教えてくれたんです。

岸先生、福田先生の尽力もあって、大阪の経済界を中心に政治資金を集める後援会ができました。おかげでカネがらみのスキャンダルはなかったし、政治資金パーティーを開いたことがないんです。

初選挙で、僕は「対話ある政治」を掲げて当選しました。それで、支持者向けに機関誌を出すことにしたんです。「時報」という小冊子です。九六年に落選するまで毎月、三〇年間、三五三号まで続けました。自分で必ず政治、国際問題や法案説明などの原稿を書くようにしました。国会図書館をよく利用しましたね。すごく勉強になったですね。「時報」は全部取ってあります。第一号で福田先生に書いていただいた「発刊を祝う」の中にある、「同君（塩川）と皆様（支持者）との心の架け橋」になったと信じていますわ。

《佐藤首相は六七年一一月の訪米から本格的に沖縄・小笠原返還に取り組み、六八年六月、小笠原は復帰した》

六九年一二月の衆院選で、私は二回目の当選を果たします。この時、二七歳の小泉純一郎が初めて立候補したんです。でも落選。福田先生の書生というか、秘書をやってました。理屈っぽくて生意気なところもありましたが、度胸者で誇り高い男でしたよ。

「角福戦争」討論会で激論

僕の政治家人生を決定付けたと言ってもいい、「角福戦争」についてお話しします。

《佐藤首相は一九七二年（昭和四七年）五月に沖縄返還を実現し、戦後最長政権に幕を下ろした。その後継を争う七月の総裁選で、佐藤政権を支えてきた福田赳夫と田中角栄の両氏が激突した》

総裁選の一年以上も前の後援会機関誌「時報」に、私はこう書いています。

「田中角栄氏の側近は最近『福は外、角は内』といっている。党外すなわち政府や一般社会、マスコミ等で次期総裁は福田と決めているらしいが、党内では田中が頑張って、案外、田中の方が支持者が多いぞ、という意味であるらしい。党内での田中氏支持は本当はどの程度なのであろうか。しかし、何といって佐藤総理の傘の下における田中氏であることは事実である」

福田先生を後継と考えていた佐藤首相が、佐藤派の田中氏を抑えてくれると期待しつつも、田中氏の勢力拡大を警戒していたということですね。

《総裁選は第一回投票で田中一五六票、福田一五〇票、大平正芳一〇一票、三木武夫六九票。決選投票では、田中二八二票、福田一九〇票で、田中氏の圧勝に終わった》

一言で言って、金権体質に敗れたっちゅうことです。昔は、ニッカ（二陣営からカネをもらう）、サントリー（三陣営から）、オールドパー（全陣営から）とか言っていた。「ウイスキーの箱に一万円札を詰めると一〇〇〇万円入る。それを一つ、二つ配った」なんて話も聞きました。証拠はありませんでしたがね。

二番目の問題は、福田先生は岸信介、佐藤栄作という古い体質の方に引きずられておったということがあります。一つは対中国政策ですね。親台湾派と見られ、三木派など親中国派の議員の支持が得られなかった。

三番目は、高度経済成長の時代ですから、それ行けドンドンの角さんの「日本列島改造論」がものすごく人気あったですね。福田先生は「日本の国土がめちゃめちゃになってしまう。地方の特徴が失われる」と反対でしたね。

僕も全力で福田先生を応援しました。マスコミには若手代表としてしょっちゅう引っ張り出されましたね。田中陣営は、箕輪登（元郵政相）、大村襄治（元防衛庁長官）、浜田幸一（元衆院予算委員長）さんらが出てきました。

あるテレビの討論会で大げんかになったことがありました。相手が「（旧大蔵省出身の）福田さんは官僚的だ。日本は経済を中心に栄えているのに、官僚国家になってつぶれてしまう」と言うから、「角さんが当選したら、日本は土建国家になっちゃうぞ」と言ってやったんですよ。

ところが、この「土建国家」批判を、角さんが聞いとって、すごく怒ったらしい。その後の人事で報復されましたよ。「田中的政治」との戦いが続くことになるわけです。

「大豆は不可欠」米を説得

《一九七二年（昭和四七年）七月に田中内閣が発足したが、人事に不満な福田派が閣僚就任を拒否して混乱した。だが、田中首相は「庶民宰相」「今太閤」などと呼ばれ、高い内閣支持率でスタートした》

政務次官人事でも混乱し、当初、僕は自治政務次官ということになっていたんですよ。ところが、派閥の幹部から「自治政務次官になってるけど、どうしても認めないんだ」と。「どこが認めないんですか」と聞くと、角さんなんです。

福田邸へ行くと、福田赳夫先生は腕組んでしばらく目をつぶってから、「塩川君、君が一生懸命、やってくれたことはよく分かってる。しかし、これが政治だ。仕方がない」と。以降、福田先生が私に何かと目をかけてくれたのは、角福戦争の犠牲者という思いがあったからでしょうな。

地元では、「角さんを非難したから外されたんや」と言われましたな。本当のことですがね。

後で、筆頭副幹事長になった竹下登さんが来て、「一二月に衆院選がある。その後の人事で、君が希望する政務次官にするから、辛抱しろ。角さんがそう言っている」と。だいぶたってから、角さんにすき焼き屋に呼ばれましたね。議員三人だったかな。皆、政務次官外れたやつ。角さんが悪いと思ってごちそうしたんでしょう。

一二月の衆院選後の人事で、約束通りに通産政務次官に起用されます。在任中に、第一次石油ショックがあったんですよ。七三年一〇月のこと。テレビに出たり、ガソリンはどうするのか、トイレットペーパーどうするのか、と大変でした。

もう一つ、米国がこの年六月に大豆など飼料になる農産物の輸出規制を打ち出したんです。中曽根康弘通産相から「私の代理で行ってくれ」と言われて訪米しました。商務長官なんかと交渉したんですわ。

「大豆は日本人にとって重要不可欠な食料だ」と言って。納豆をまぜる身ぶり手ぶりなんかも加えて、納豆、豆腐のことを説明し、「あなた方が食べるチーズと同じく貴重なものだ」と言ったら、分かってくれましたよ。

日米間で懸案となっていた鉄くず（スクラップ）やベアリングの問題も話し合いました。菜種の輸出規制の問題で、カナダとも交渉しました。結構、いい仕事をしたんですよ。

当時は日本列島改造計画に日本が沸いちゃって、総不動産屋ですよ。地価は上昇し、物不足となり、インフレに拍車がかかった。そこに石油ショックですわ。

《田中首相は七三年一一月、愛知揆一蔵相の急死を受けて、行政管理庁長官の福田氏に蔵相を要請した。福田氏は経済政策の転換を条件に蔵相に就任し、自ら名付けた「狂乱物価」の沈静化に努めた》

田中政治は官僚と一体となって開発志向の政治を進めた、ということですね。そして族議員を生んだ根本やなあ。田中派を中心に、政官業の癒着構造が形作られたわけですね。

通商産業省政務次官時代

一度は涙をのむも、第二次田中内閣で対米交渉や公害問題に取り組んだ

一九七一年（昭和四六年）という年は、佐藤内閣で沖縄返還交渉や、これを受けての国内法等の成立も順調に終始し、内閣の支持率も安定していた。また経済についても、GDP比一〇％という高度経済成長のときで「日本株式会社」という造語ができたし、「知床旅情」の発売でカラオケが本格化するなど生活の満足感もあった年でした。一方で、日米経済摩擦が深刻化。米国では繊維産業が壊滅状態になっていました。これに対し日本では、宮沢喜一、田中角栄などの通産大臣がさまざま努力をし、一九七二年（昭和四六年）三月にわが国の繊維業界もようやく自主規制を確約。織機の一部を廃棄した。し

かるに八月中旬、突然ニクソン米大統領は、ドル防衛を宣告。円ドル交換が固定相場となり自由相場としました。わが国政府、日本銀行はもちろんのこと、経済界は大混乱。八月末には早くも一ドル三四〇円、一二月末には三〇八円となってやっと落ち着きました。

このような国内外の緊急事態が続く中、一九七二年（昭和四七年）六月中旬に佐藤首相が引退。次期総理すなわち自民党の総裁選挙となりました。重ねての述懐になりますが、いわゆる角福戦争で、まさに自民党の関ヶ原の戦いとなりました。金権選挙とマスコミはそろって言い立て政界汚濁の実態が表面化、ニッカ、サントリーといった非難が賑やかに喧伝されました。七月七日には田中内閣が成立。われわれ福田派は無念の涙を飲んだが、私は角福戦争で福田派代表としてテレビ等に出演。田中さんの悪口を散々言っておったので、田中派にニラまれていました。しかるに新内閣発足で、当然、政務次官になるべきところをハズされた。無念残念でした……。

田中首相は〝今太閤〟と絶賛され、持論の「日本列島改造論」を披露。支持率は七〇％にもなっていたので、一一月に解散し新体制を作ろうとしました。一二月末に自民党は大勝し、第二次田中内閣が発足した。このとき私は通商産業政務次官に就任しました。第一次田中内閣でボイコットされた反動で、新規就任しました。通商産業大臣は中曽根康弘先生。中曽根先生は「昨年来、対米関係が荒れているから僕（中曽根）は外交通商に努力したい。君（塩川）は国内問題に精励してほしい」と役割分担をしました。

国内問題で重大になったのは公害問題で、被害者救済対策である。さらにドル暴落、円の急騰で金融問題や原材料高騰を抑える対策が主要な仕事になっていました。八月に韓国の金大中《キムデジュン》氏が九段のホテルから同国のＫＣＩＡに誘拐される事件が起って大騒ぎになり、日韓関係が冷却した。また、この暑中休暇中に米国は突然大豆の日本向け輸出を規制し、割当て削減すると通告、引き続き鉄クズのスクラップも規制すると通告してきた。内外ともに不測の事件が発生したので、私達は休暇を返上してその対策に東奔西走しました。中曽根大臣は私に「大豆やスクラップ問題等これら一連の米国政策に対応するにはこちらから誠意ある交渉を持ちかけることが必要だと思うので、政務次官が代表して対米交渉をしてくれ。その結果によって総理とも相談して日本政府が公式交渉する」と指示され通産省議が決定しました。

これをうけて八月下旬、私は若杉審議官等一〇名で渡米し、まず農務省長官と大豆の輸出規制につき協議しました。同長官がいうには「日本は大豆を食べ過ぎだ。一九四〇年（日米戦争の前年で昭和一五年）の日本の大豆使用量は年間五〇万トンで、輸入は中国から二〇万トン、他は国内産だ。それが一九七〇年は四五〇万トンの消費で、アメリカから三三〇万トン輸入している。何故こんなに大豆を食べるのか」との質問。日本人は動物のように大豆を直食しているような誤解をしているので、私から説明。四五〇万トンのうち三〇〇万トンは食用油。六〇万トンが醤油。残りは豆腐や納豆や菓子等に製品化している。たしかに戦前に比べ天ぷらが好きで大豆を大量使用しているが、主な原因は戦後の食生活の向上だ。さらに農務省長官の疑問は続き、「豆腐と納豆とは何ものか」と問われる。この説明は難しかった。豆腐は西洋人のチーズ、納豆は重大なタンパク源だと私自身がわからない説明をしたら、「それは大切な食糧になるのか」と吃驚していました。結果はＯＫで一〇月に規制は解除されました。一方で鉄クズのスクラップについては日本側から輸出するミニベアリングが問題なので、これもわが方で対策を講じるからと確認したので解決し、私の対米交渉は成功したことになり、中曽根大臣や田中総理から丁重な慰労の一席を御馳走になりました。

対米交渉から一か月経った九月末に、中東地域の石油がシカゴ市場で投機的性格を帯びて漸次値上がりしていた。そこで通産省が中心となって緊急石油対策を協議し、世界中何処からでも輸入しうる措置を講じたところ、一〇月下旬に突然サウジアラビア石油が七〇％の値上げをして、さらに一〇％原油生産の削減を通知してきた。これに呼応してペルシャ湾岸六か国も一方的に値上宣言をしてきた。ＯＡＰＥＣ（アラブ石油輸出国機構）に三木元首相が交渉に行ったが反応がない。「一〇月中旬に第四次中東戦争（イスラエル対パレスチナ、シリア連合軍）が再燃したので、西側陣営の諸国に対し、石油を武器にして反省をせまったのだ」との理由である。ガソリンが一リットル七〜八円であったものが一挙に三〇円、四〇円と値上りした。さらに加えて石油危機の余波から奈良のスーパーでトイレットペーパーの買い占めが始まり、埼玉県では砂糖に石けんが在庫をつき、香港で買い出し部隊が出動する騒ぎになった。モノ隠し、買占め病が蔓延してきた。

石油ショックが解決されぬまま一九七四年（昭和四九年）の正月を迎え、一月中旬から一〇日間の予定で田中首相がＡＳＥＡＮ五か国とオーストラリア、ニュージーランドを訪問した。インドネシアのジャカルタで総理は学生デモに取り囲まれ、日本大使館が襲撃されるという異常事態が発生。田中首相の外交失敗が表面化しました。

　この時期から田中内閣に対する国民の評価は変化しましたね。列島改革や庶民政治をスローガンにして今太閤と尊称されたが、国民はこの政治は一寸おかしいと懸念するようになってきていたのです。

　首相も対応に焦燥していたが、七月の第一〇回参議院選挙で自民党は大敗し、議席数が一二五となって過半数に一票の不足となり、与野党伯仲の時代に入ります。大敗の理由は列島ブームで土地バブルが生じ、不動産業に対する反発、そしてこの参議院選挙が極端な企業選挙になり、金権選挙となったためです。

　私は通産政務次官として企業数十社に、全く知らない自民党の候補者支援をお願いして廻った。しかしどこの企業も歓迎してくれなかったですね。

　田中内閣にようやく秋風が吹きかけた頃、月刊『文藝春秋』誌に立花隆氏が「田中角栄研究――その人脈と金脈」を掲載した。日本国中がこの話題で燃え上がり、国有財産の払い下げや業界との癒着が暴露され、非難が拡大したので田中首相は内閣改造で対抗したが、この内閣は二九日間で瓦解し、田中内閣は総辞職。一二月一日に指名裁定があり、清潔な政治をスローガンにする三木内閣発足となる。いわゆる「椎名裁定」である。私の政務次官もここで終了。何と忙しいバタバタした時期であったか。しかしながら私にとっては非常に重要でかつ貴重な経験となりました。

「三木おろし」若手を糾合

《一九七四年（昭和四九年）七月の参院選の不振を受け、三木武夫副総理・環境庁長官、福田赳夫蔵相らが相次いで辞任。『文藝春秋』一一月号で「田中金脈」を追及した立花隆氏の「田中角栄研究」が発表され、田中首相は一二月、退陣に追い込まれた》

田中退陣前後、僕は自民党国会対策副委員長と衆院議院運営委員会理事をやってまして、情報収集に一生懸命でしたね。後継総裁は福田先生に行くだろうと淡い思いを持ってましたけど、党内の空気はそうじゃなかったですね。やっぱり大平（正芳）さんでした。田中・大平派連合ですよ。だから総裁公選を盛んに言ってた。福田さんと三木さんは話し合いを主張してましたな。抗争が起こりそうになった。

そこで後継を三木さんにという、椎名悦三郎副総裁の有名な「椎名裁定」となるわけです。僕ら、椎名さんに呼ばれて、「俺が裁定するから静かに待ってろ」と怒られたことがあります。いろいろ騒いだからかな。

《三木氏は「青天の霹靂《へきれき》」と言って指名を受け、七四年一二月、三木内閣が誕生。福田氏は副総理・経済企画庁長官、大平氏は蔵相で入閣した》

「田中金脈」から「クリーン三木」へ、反動としてこうなったんだろうと。大きな揺れ方やなあと、思いましたね。

私は引き続き、国対・議運でしたが、こんな思い出がありました。

田中金脈問題で国会が停滞していた時です。社会党の国会対策幹部の奥さんが亡くなったんで、社会党担当の私は地元までお通夜に行ったんです。帰りの名古屋駅で、田中派の秘書と会ったんですよ。その秘書もお通夜に行った帰り。「田中角栄という人は野党にも気配りしている。すごい」とびっくりしましたね。

《七六年二月、ロッキード事件が表面化。政権生みの親の椎名氏が反三木に。七月、東京地検が同事件で田中前首相を逮捕。「三木おろし」が本格化、党内の三分の二が参加する挙党体制確立協議会が結成される》

事件解明に積極的だった三木首相への反発が党内にはありましたね。それと、自民党総裁という自覚があまりなかった。例えば独占禁止法の強化など、三木さんの考えは自民党の主流と若干違ってましたね。

反三木勢力の挙党協は、園田直（福田派）、江崎真澄（田中派）、二階堂進（同）、鈴木善幸（大平派）さんの四人組がやったんです。私は園田さんの下で事務的な仕事をやってました。「次は福田」と思って、中堅・若手を糾合して「三木おろし」をやりましたな。でも、世論は三木びいきでね。地元なんかで、「なんで、三木おろしやるんや」とよく言われました。

挙党協が「三木退陣—後継福田」を決めたけど、三木さんは辞めんかった。衆院解散権を持つ総理の力って、強いもんですよ。

《七六年一二月、任期満了の衆院選で自民党は過半数を割る敗北。責任を取って、三木首相は辞任した》

「三木おろし」と園田先生、そして四人組

もう少し詳しく、「三木おろし」における園田さんの役割や人物像、そして党内の動きについて書いてみたいと思います。

この当時自民党の元老は椎名さんと岸先生に船田中《ふなだちゅう》さん等であったが、岸・椎名は商工省時代の盟友であり、考え方に相通ずるものがあったので、田中後継選びは椎名が中心となって選考していた。「田中のあとは思い切って、空気を変えなきゃだめだ」ということで、反田中的な空気の人間を捜しておったんです。その当時、党内には「次は、福田や、大平や」という声はあったものの、椎名先生にしても岸先生にしても、黙して語らず。けれども、お互いは協議しておったと思うんです。この際、思い切った反田中への反動を示すために、「三木にしよう」となったんじゃないかと。だからまさに我々

にとっては青天の霹靂でした。けれども、椎名、岸先生にとっては、「次は三木」というのはある程度事前から画策した結果であり、同時に「三木の次は福田だ」という布石を打っておられた。椎名さんも、三木内閣のあとは福田を期待しておったことは事実であります。

しかしあまりに三木さんが、議会制民主主義の原則を口にして野党寄りの姿勢であるし、自民党的ではない政治をする。たとえば、経済復興の最中にありながら、政治資金の規制を強化し、パーティーを奨励することなども含め独占禁止法でもって厳しく産業界の制御をしようという動きに対し、与党では激しく反発しておったんですね。この反発を受け、三木おろしが必要だ、となった。つまり「三木さんは企業をいじめる」ということで、自民党は反対していたんです。そこで椎名さんも「三木さんには限界があるな」と言いだし、椎名・福田のなかで「次期総理は福田」という方向になっていきました。

その現れとして、挙党体制確立協議会というものをつくることについて、椎名さんも、岸さんも賛成をしておった。この組織が「三木おろし」の母体となったんですね。そのときの主導権をとったのは、園田直、江崎真澄、二階堂進、鈴木善幸といういわゆる「四天王」です。船田中を中心にして、この四人の侍が協力して、党内をまとめ、「三木おろし」をしていきました。

このとき私は園田先生の命令で事務局担当の仕事をし、各派閥間の連絡会や挙党協議会の段取りをしていました。当時FAXや複写機がないのでタイプライターで通知書を作製し謄写版印刷ですから秘書連中は夜遅くまで苦労していました。挙党協がいくら頑張り気勢をあげても、三木首相は「国民の世論は民主主義を守る」と言い張り、あくまでも世論やマスコミの味方を楯にして「自民党」に対抗する姿勢を崩しません。総理大臣の地位保全は全く強固なもので、本人が退任を決意しない限り、首相の交替は出来ないことを痛感しました。

福田内閣で官房副長官に

「角福戦争」から約四年半、ようやっと「福田首相」が実現しました。でも、衆院本会議の首相指名選挙では、過半数の二五五を上回ることわずか一票だったんです。ギリギリになるだろうと予想されたので、僕は入院中の議員を病院から本会議場に連れて行ったんですよ。自民党内から無効票なんかが出て、危うく決選投票になるところでした。

《三木内閣の後を受け、一九七六年(昭和五一年)一二月、福田内閣が発足。「さあ働こう内閣」と称した》

組閣前に福田さんが「政権交代の段取りを事務方によく聞いておけ」と言うんですよ。官房長官になる園田直さんに聞いたら、「君、そういう仕事に就くよ」と。官房副長官だったんです。

園田さんは僕に相当な権限を任せてくれましたね。親分肌で、政治的嗅覚《きゅうかく》がすごい人でした。元々は河野派だった人で、福田さんは園田さんには言いにくいところがあった。だから、福田さんは僕を呼んでいろいろ指示したし、「園田君に言っておけ」ということがようあった。

福田内閣は、福田さんの得意な経済よりも外交で成果を上げましたね。同行したロンドン・サミット（七七年五月）は印象に残ってます。福田さんは長広舌二〇分、一九二九年からの世界大恐慌の話をして、国際協調の重要性を力説したんです。

「私（福田首相）は三三年、（大恐慌を話し合う）ロンドン世界経済会議に随員として来た。各国は自国の主張を述べるだけで何らまとまらなかった。会議に失敗した各国はブロック経済体制をとり、世界は不幸な第二次世界大戦へと突入した。私は歴史の生き証人です」

サミット当時、世界は構造的な不況にあり、福田さんの発言は「長老の警告」として各国首脳に受け止められました。グローバル化の中で起こった現在の世界的な金融危機では、これまで以上に国際協調・連携が重要ですな。

《七七年八月に東南アジア諸国を訪問、関係改善を図った。「福田ドクトリン」と呼ばれる東南アジア政策の基本方針が打ち出された》

大変だったのは、ダッカでの日本赤軍による日航機ハイジャック事件（九月）です。乗客を救うため、過激派の釈放と身代金要求に応じました。私に、検事総長が「超法規的な措置をやられたら検察は務まりません」と言うて来ましたな。福田首相は「人命は地球より重い」と苦渋の決断を下しました。政権へのダメージは大きかったですよ。

《福田首相は一一月に内閣改造を断行した。党人事で副総裁を置き、中曽根康弘氏を総務会長に起用するなど、大平正芳幹事長の力をそぐ狙いがあった》

実は福田さんの意を受け、ひそかに党幹部を回って改造の根回しをしたんです。そして、極秘裏に福田—大平会談を日曜日に福田邸でセットしました。改造への理解を得るためです。二時間ぐらいかなと思っていたんですが、会談は四時間半にも及びました。

官房副長官時代

命がけで労働交渉とハイジャック事件に向き合う

ブロック経済は戦争につながると福田総理が説いたロンドン・サミット

一九七六年（昭和五一年）一二月下旬に福田内閣が発足。私は随行員として、一九七七年（昭和五二年）五月にロンドン・サミットに参加しました。当時のロンドンは治安があまり良くなかったので、ダウニング街一〇番地（首相官邸の通称をダウニング・テンと呼ぶ）で行われました。古い歴史のある官邸ではありますが、外観はいたって普通で、入り口は狭くビルの一画のようであるが、玄関は威厳のある構えであり、部屋の内装はオーク材によるクラシックな造りです。歴史を感じさせる重厚感ある建物でした。たしか初日は、午前九時から午後一時くらいまで外部との往来を断って缶詰にされておりました。

サミット（主要国首脳会議）は一九七三年のオイルショックと、それに続く世界の不況回復のため、先進五か国で経済を先導しようと、米国のフォード大統領や英国首相ウィルソンとフランス大統領ジスカール・デスタンの呼びかけで、第一回は一九七五年でフランス・パリ郊外のランブイエで始まり、ロンドンは第三回目であります。その後カナダとイタリアが追加参加し、日米英独仏伊加の七か国のG7となりました。

第三回ロンドン会議冒頭でジスカール・デスタン仏大統領が福田先生に、「あなたは世界大恐慌後の不況を経験した唯一の政治家だ。そのときの体験談を話してくれんか」と依頼。福田先生は二〇分間に渡って「第一次大戦後各国の経済が冷え込み失業増大したので、自国産業保護のため（地域経済を）やったことが原因で排外的になり、市場確保をめぐって戦争につながった。私は歴史の生き証人です」とわかり易く解説されました。会議の進行中に日本と独の異常な経済成長が問題となりました。「日本はもう少し経済の成長に各国との調和を考えてくれたらどうだろう」と注文がありましたが、わが国は戦後復興もかね経済拡張で外国の脅威にならぬように心得ている、と福田先生は答えられました。会議は午後二時に終わり、昼食会がピラード・ルーム（Pillared Drawing Room）で開かれました。このムードは中世から王室が使用している宮殿で、天井が非常に高く外国来賓や植民地の政治家を招待するのに充分な威圧感を与えるものであります。G7のメンバーでひとテーブルを囲み、われわれ随員はバイキング式テーブルでした。この遅ればせの昼食で各国首脳が本当に打ち解けたと思いました。福田首相が首相の座を離れてから独国の首相とディスカッションし、仏大統領が発起して福田赳夫を囲む国際的勉強会として、いわゆるOBサミットを年一回持ち回りで開催されましたのは、このロンドン・サミットからであります。

決裂すれば日本経済の危機、官公労・民間労組との交渉

官房副長官だったとき、長官の園田直先生は私には非常に寛大で、いろんなことを体験しろといって任せてもらいました。官邸主導の各委員会のなかで私は労働問題を担当

していたのですが、当時、総評のなかには官公労組（公務員共闘）と民間労組（産業一般労組）、二つの勢力が同居していました。官公労組のほうは激しい賃上げ闘争や雇用拡大を主張して、実力行使というデモ運動を激しく行っていました。対する民間労組は、田中政権初期のインフレ経済から同政権末期のデフレ経済への急激な変貌に給与調整が追いつかず、労働賃金の正当な交渉を主張していました。民間労組は実力行使などしないのですが、労使間の隙間を調停してくれる機関がないので、労使双方から調停の機会を探求していました。この時、福田首相が園田官房長官と相談して、政労協交渉の話し合いの場を造ろうとし、塩川が担当せい、となった。私はまず民間労組に呼びかけ、その成果をもって政官の話し合いをしました。相手は樫山利文さんや鷲尾悦也さんです。この二人には、大変協力してもらいました。民間労組との話し合いでは、賃金の安定を図ろう、そうでないと日本経済が崩壊してしまうと。この民間労組との話し合いの結果をもって、官公労組とも交渉が成立。労働問題は一応の決着を見ました。福田首相の後援と、園田さんの指導があったればこそだと思っています。

「人命は地球より重い」。しかし残った教訓も重いハイジャック事件

在任中、もっとも忘れられないのが日本赤軍による「ダッカ日航機ハイジャック事件」です。一九七七年（昭和五二年）の九月二八日、パリ発東京行きの日航DC8型機が、インドのボンベイ空港を離陸した直後、日本赤軍にハイジャックされ、バングラデシュのダッカ国際空港へ緊急着陸しました。国際空港とはいえ発展途上国の空港でありますので、連絡が充分に取れず困りました。この事件の解決に異常な苦労が伴いましたのは、ハイジャック事件がその国の革命（軍事クーデター）に利用されるという条件下で処理しなければならなかったからであります。相手とするバングラデシュ国の治安当局と軍が紛争状態であったことで、人命尊重をお願いしても理解してくれなかった。バングラデシュのマーメイド国防司令官が「任せておいてくれ。国防軍がハイジャック犯を虜にしているから安心してくれ」と言う。しかし一向に旅客の解放がないから「どうしたんだ」と責め立てていると、和歌山県出身の早川崇代議士から「俺は大統領と親密な関係をもっているから交渉にいってみる」と申し出があり、大いに期待しました。しかし大統領は

国防軍に攻撃されて行方不明で連絡がとれず、反面司令官はハイジャック側に加勢する、と条件が全く変っていた。ラーマン大統領とマーメイド司令官との権力争いの中に取り込まれた。そうすると我々は空港警備責任者の国防司令官を交渉の中心に据えなければならなかった。司令官は「赤軍派は一六億円（六〇〇万ドル）の金を要求している」と言う。我々は金を渡せば旅客を解放してくれるとばかり思っていたら、赤軍は「人質は解放しない」と反逆してきた。さらにむつかしい要求として、赤軍及び革命分子として刑務所に服役中の囚人を解放してダッカに連れてこいとの要求。この要求に応ずると法治国家でなくなる。わが国の国難となりましたが、閣議は議論まとまらず、武力による強攻策を取るか、向こうの要求をのんでお金を払い、囚人を解放するかの選択になり、協議の結果、福田首相の裁決に任そうとなった。そんな中、すごい事実が飛び込んできました。外国通信の発表によると、司令官がハイジャック犯とグルになり、その司令官もクーデター用の資金を、日本から支払う解決金に手を染めようと言っている。これに赤軍が反発している。信じられん話ですわ。内閣でも「囚人を解放してさらに金を払うなんて超法規的な措置はとれん」と言うて、法務大臣と法務政務次官が辞任してしまいました。最後は、福田首相が「人命は地球より重い」と述べられ、身代金の支払い及び、超法規的措置として、四人メンバーなどの引き渡しを決断されました。

結局、お金を支払っても旅客の解放はされず、一〇月三日に、残りの人質を乗せたままハイジャック機は離陸、クウェートとシリアのダマスカスを経て、アルジェリアのダル・エル・ペイダ空港に着陸。この時点で残りの乗客員も全員解放され、事件は終結しました。戦後三〇年経ってわが国は、完全な平和ボケに陥り、安全を守る責任を忘れ、何事も金を払って解決出来るという間違った世論、偏向した人道主義という安易な哲学が国民に深く根付いていることを改善しなければ、わが国の将来はないと憤慨した。

「天の声にも……」福田退陣

福田首相はロッキード事件を踏まえて、「党の出直し的改革」に取り組みました。派閥解消と総裁予備選の導入です。福田さんは以前から派閥活動に批判的で、「総理・総裁は推されてなるものだ」という考えでしたからね。

一九七七年（昭和五二年）三月、福田派は率先して派閥を解消、事務所も閉鎖しました。各派も看板を下ろしたんです。しかし、本音と建前が違っておった。翌年の総裁選で、福田派が出遅れたのは派閥解消の影響だったし、予備選によって派閥活動が地方にまで拡大してしまったですな。

《七八年に入ると、福田首相は五月の訪米、七月のボン・サミット、八月の日中平和友好条約の締結、九月の中東訪問と、特に外交面で着実に成果を上げた》

七七年一一月の内閣改造で官房長官から外相になった園田直さんが「日中条約を、俺の一生の仕事としてやる」と言ってましたね。福田派は親台湾派が多かったですが、福田内閣だから、うまくまとめられたんだと思いますわ。今年〔二〇〇八年〕は締結三〇周年となるわけですね。

七八年の秋になると、いよいよ一一月の総裁選が焦点となってきました。一年前の内閣改造で政権基盤を強化し、外交で評価高かった福田さんは総裁再選に自信持っとったですね。あの時、「大福密約」が問題になりましたね。三木前首相に退陣を求める「三木おろし」の際に、福田さんと大平正芳さんが「二年で交代」との約束をしたというもんです。福田さんは「俺は知らん」と否定していました。

総裁選に向けて派閥が事実上、復活し、幹事長の大平さんの方は動きが活発でしたね。でも、我々が動こうとすると、福田さんは「派閥行動はいかん」と、いい顔をしない。福田さんに相談しないで動きましたが、中途半端になったですね。それでも予備選で福田さんが一位になると思ってましたよ。

ところが、大平さんの方には田中派が付いている。その動員力はとにかくすごい。全国で秘書がどっと動く。僕の選挙区でも戸別訪問やってましたからね。田中軍団に比べれば、大平派とか福田派はお公家さんの集団ですわ。

《総裁選には福田、大平、中曽根康弘、河本敏夫の四氏が立候補し、初めての予備選が行われた。大平氏が一位となり、二位の福田氏は本選挙を辞退した》

福田派内では「辞退すべきでない」という意見が多かった。私や小泉（純一郎氏）も、福田さんに「本選で堂々と戦いましょう」と言ったんですが、福田さんは「潔く辞めよう」と。そして、「天の声にも、時には変な声がある」とつぶやいて、退陣したわけです。権力に恬淡《てんたん》とした福田先生らしい引き際でした。

《福田氏は著書『回顧九十年』の中で、「私は選挙の過程で『予備選で鮮やかな結果が出たら、その結果に従わなければならない』と主張していたし、『政治家として自分の言葉に責任を持つべきだ』と考えたからだ」と本選挙辞退の理由を述べている》

福田先生と大平さん、園田さんの関係

政権を取るために、福田先生と園田さんはまさに一体となっていました。福田内閣が始まってからも、政権の安泰を図るため、園田さんは党の幹部、四人組（江崎・二階堂・鈴木、園田さん自身）、それに各派閥（三角大福中）の中堅クラス、たとえば船田中、中曽根康弘、保利茂ら各先生などとの連絡を主な役目としていました。党との協力関係はほとんど園田さんがされていましたね。一方の福田さんは、まず田中内閣の当時に東南アジア五か国との関係が必ずしも良くなく、特にタイ、インドネシアで反日運動が起こったことなどもあり、ASEANと関係改善に努力を傾注していました。また経済がインフレからデフレへと変動が激しいので、経済回復に全治三年説を唱え、経済の回復、労働問題の解決に専念しておられた。二人が密接な関係というのは事実でしたね。私は主

として国会対策の関係即ち国会での法案の審議促進や野党の反対意見の調整等を担当しマスコミとの懇談を毎日定時に実行しました。私が担当する仕事で大変支援してもらったのは大平幹事長で、週二回の閣議のあと必ず閣議内容の報告に行きました。その際党内の種々多様な情報と党の方向を的確に教えてもらったことは有益でした。

しかし福田政権末期のときに、「福田は一期二年」だという噂が出てきた。この根っこは、どうも四人組のなかでの話し合いがあったようなんですな。でもこれを証明する事実は見つかっていません。この四人組の一人に園田さんが入っていたんですが、園田さんは四人組を主導したことは絶対ない。むしろ三人、つまり旧田中派のなかで福田二年説を流しておったんです。そのため、園田さんは迷惑しておられましたというのが事実です。

四〇日抗争　「大平」不信任

《一九七八年（昭和五三年）一二月、大平内閣が発足した。総裁選で福田首相を破っての政権奪取だった。大平首相は七九年六月に東京で初めてのサミットを開催し、九月に衆院を解散した。だが、自民党は敗北を喫した》

衆院選に負けた理由の一つに、大平首相が一般消費税の導入に前向きな姿勢を示したことがありましたな。僕は導入はやむを得ないと考えとったですが、逆風となりましたね。

その敗北の責任をめぐって、四〇日抗争が起こるんですね。福田さんや三木武夫元首相、中曽根康弘さんが大平首相に辞任を求めたわけです。最大派閥の田中派の支持を受けた大平さんは辞めない。僕は福田さんが大平さんに談判に行くとき、党本部に付き添ったことがあります。総裁室の中から、福田さんの「総辞職が筋だ」、大平さんの「僕は辞めない」というやり合いが聞こえてきました。

党内対立は激しかったですね。当時、僕は衆院議院運営委員会理事と党国会対策副委員長をやっていたんですが、抗争が長引き、選挙後の首相指名の本会議を開けない。つらい思いをしてましたね。結局、話し合いはつかず、反大平グループは福田さんを擁立する。同じ自民党から大平、福田の現前首相の二候補が出ることになってしまった。まさに異常事態でしたね。

福田さんに後で、「勝算はあったんですか」と聞いたんですよ。そしたら、「(西南戦争で鹿児島の)城山に立てこもった西郷隆盛の心境でね」と言っていました。戦いを避けたかったが、負けを覚悟で立ったということでしょうかね。

《一一月、大平首相は衆院本会議での首相指名選挙で、決選投票の末、福田前首相を破り、再任された。しかし、四〇日抗争は、翌八〇年五月の大平内閣不信任決議可決にまで影響した》

親分が「右」と言えば、自分が左と思っても「右」というのが派閥。社会党が大平内閣不信任案を提出したので、苦しみました。行き違いもあって福田、三木派が本会議を欠席することになった。「自民党内閣への不信任は理屈が通らん」と思ったんですが、「福田さんが言っているんだから」と派の方針に従いました。みんな苦渋の決断だったと思いますよ。

《大平首相は衆院解散に踏み切り、初の衆参同日選挙（六月）となった。「ハプニング解散」と呼ばれる。選挙中に大平首相が急逝し、自民党は大勝した》

当初、自民党は主流派と反主流派の分裂選挙でした。僕にとって六回目の選挙でしたが、いやな選挙でしたよ。大平さんが倒れたと聞いたのは、確か若い人の応援に愛媛県に行っとった時だと思います。僕は、大平さんは政治家よりも学者やないか、と思っとったね。読書家で、重厚な人でしたな。「あー、うー」と考えながら、必要なことしか言わんかった。気の毒なことしましたな。

大平さんの死で、その後の党内の雰囲気はガラッと変わってしまうんですね。

初入閣、「関空」は天の声

一九八〇年（昭和五五年）六月の衆参同日選挙は、大平首相の弔い合戦となって、自民党は大勝しました。そして、話し合いで、大平派の鈴木善幸総務会長が後継総裁に選出されます。

「角福戦争」（七二年）以来、田中、福田派を軸に、党内抗争が激しかったけど、大平さんの死で派閥争いが鳴りをひそめた。鈴木首相も「和の政治」を掲げましたから、党内は大変な変わりようでしたね。そうした中で、田中派は膨張し、影響力を増していったんです。

《八〇年七月に鈴木内閣が発足。塩川氏は運輸相で初入閣を果たす》

組閣前に福田赳夫先生に呼ばれて、「君、勉強のため運輸省の仕事せい」とおっしゃる。

「えー、大臣ですか」と。それも、私の専門でない運輸ですから、びっくりですよ。実は、福田派には運輸族が結構いたんです。それで、派内で「なんで塩川が運輸なんだ」とか言われておったんです。福田先生がそれを抑えて、僕を優先してくれたんです。

首相から閣僚に指名されて、首相官邸で最初の記者会見をするんです。役所が用意した会見資料には、国鉄問題、成田空港関係など五項目が書いてあった。しかし、「関西国際空港」はないんですよ。大阪出身としては承服できない。それで、記者会見で「関西空港の建設にメドをつけたい」とやったんですね。会見場が一瞬、ざわめいたのがわかりました。

《関西国際空港計画は、地元自治体の反対決議があり、国には財政再建問題があって進んでいなかった》

運輸省は大騒ぎですよ。初閣議を終えて役所に行くと、事務方が「大臣、ペーパーに書いてある以外は言わないでください」と言うんだね。しかし、運輸省での記者会見でも「新空港建設は必要だ。財源を捻出《ねんしゅつ》して着工を急ぎたい」と。それで、運輸省も動かざるを得なくなった。私の運輸相就任は、「関空をやれ」との天の声でしたな。

地元の理解を得るのに、大阪府や和歌山県などを回りました。関西経済界も、関西経済連合会会長だった日向方齊さんや前会長の芦原義重さんらが応援してくれましたね。問題は財政難ですよ。渡辺美智雄蔵相は「（関空は）それほど差し迫った問題とは思わない。来年度予算の計上についても慎重に検討したい」と記者会見で言ってしまう。僕は渡辺さんと交渉した。「建設費二兆四〇〇〇億円をもっと削ったらいけるんですか」と。それで、運輸省に計画を見直して建設費を削れ、と命じたわけです。工法を変えることで、一兆円ほど圧縮できました。年末の予算編成で、宮沢喜一官房長官が助けてくれて、渡辺蔵相との間でようやっと調査費が計上されたんです。

当時、僕は「もし私が運輸相でなかったら関空計画は、まだ運輸省のロッカーの中で眠っていたかもしれない」と言ってますが、その後も開港までには曲折がありましたな。

《関西国際空港は九四年に開港する》

運輸大臣時代

国鉄再建と第三セクター化、関空着工など腰を据えて難問に向かった

初の衆参同日選挙が行われ大量得票。運輸大臣として待望の初入閣を果たす

一九七八年（昭和五三年）一二月、大平正芳が第一回自由民主党の総裁選で福田赳夫を破って政権の座に就きました。自民党の総裁争奪で角福戦争や指名裁定等がありましたが、いずれもルールが明確でなかったため、党員参加の総裁選を制定したんですな。この総裁選が党として最初の試練であることから、党員の拡大獲得がまず重要な作業になりました。すなわち、投票しうる党員の募集に各種業界や団体等にいわゆる族議員

が働きかけ、その結果、党員で三〇〇万人を超えたんです。さらに各種の事情、例えば企業経営者で労働組合の配慮や官僚OBで天下った公益法人の役員等が、党員にはなり難い人々を参加させるため「自由国民会議」を組織しました。自由国民会議（現在私がその会の代表をしており、現在会員約二万人、会費年額一万円で自動振替制）の会員には総裁予備選の投票権を二票与えることにしたので、会員のうち五〇万人が自由民主党に入会しました。有効投票数一〇〇万票であるから、この影響は半端なく、各団体・機関に猛烈な運動を展開しました。

かくの如く大規模な組織選挙になると田中派は断然威力を発揮します。その結果が大平内閣成立です。大平内閣では田中角栄の政治指導が強かったですね。

しかしながら首相は大平色を出したいので、学者や有識者を集めて色々な構想を打ち出すための研究会を発足させ、政策として発表。それを実現したいので一九七九年（昭和五四年）六月のG5東京サミットを経て九月上旬に衆議院を解散しました。

大平さんはサミットには成功したが、国内経済は好景気にあおられて物価が高騰、インフレ気味でありました。その主因は再度、再々度の石油ショックであり、冬から春にかけて石油の値上りは急速で、輸出産業は好調だが中小企業や家庭には不満が充満していたんですね。

大平さんは、これに追い打ちをかけるがごとく総理大臣就任直後に消費税を導入する考えを披露したので、これに対抗する反対運動等も昂揚していました。

この時、新自由クラブが発足。田川代表、西岡氏が幹事長となり、自民党に対する世間の風当たりが強い中での新党発足で人気向上となり、ますます自民党は苦境に陥りました。

インフレ抑制のため日銀は公定歩合の金利を九％に引き上げ、超高金利時代になり、円の為替相場が一ドル二三〇円台に。輸入物資が値上りしたので、政府は円防衛緊急対策を打ち出したが効果なく、経済はますます混迷状態になっていきます。

消費税導入の時期尚早や物価政策の不都合があって大平内閣に対する政策転換を考慮し、福田赳夫、三木武夫、中曽根康弘等の大幹部が大平辞任を迫り、いわゆる四〇日抗争となり一九八〇年（昭和五五年）五月一六日衆議院は解散され、最初の衆参同時選挙となったのです。いわゆる「ハプニング選挙」です。

この選挙中に大平首相は急逝されました。国民の哀悼の情は大平礼賛となり、その同情の結果自民党は衆参両院で圧勝。党内が抗争で分裂状態になっていたので、これを収拾するため、大平さんの後総裁の選定は党内幹部の話し合いで鈴木善幸氏に一致。鈴木内閣が一九八〇年（昭和五五年）七月一七日に成立しました。

この選挙で私は二〇万四千票数を頂戴し、日本二位の成績を記録。初入閣することとなり、運輸大臣を拝命することになりました。一九六七年（昭和四二年）一月の初当選後、一三年六か月での大臣就任は、当時としては異例のスピード出世で同期生から羨望されましたね。福田赳夫先生の強い推薦があったからだと鈴木総理は話してくれました。

大臣着任の所信表明で関空建設について言及、大騒動に

組閣呼び込みで深夜総理官邸に出向し、拝命と同時に官邸の記者会見場で担当大臣としての所信表明と解決すべき課題を説明することになります。運輸省杉浦官房長が用意した会見資料にもとづき説明したその内容は五項目あり、
①成田空港への石油輸送パイプラインの早期完成

②国鉄公社への政府融資五兆六〇〇億円の処理
③国鉄経営の構造改革のための基本方針
④海上保安庁の機能強化
⑤過疎地等の交通手段確保等

であり、関西国際空港のことが書いてないんですね。私はあえてこの五項目の他に重要な課題としては、「地方空港の整備」と「関西地方での新国際空港に対する新しい投資」だと発言すると、記者席からワァーと声が上がった。これが関西空港建設への最初の発言となりました。

四〇日抗争や物価高経済不況等で世論の自民党に対する批判が厳しい事情のなかにあったので鈴木総理は初閣議で、「この内閣は全員野球で行く、結束してほしい」と要請された。この発言を某新聞では鈴木チームのメンバー表として発表し、監督鈴木善幸、コーチ中曽根康弘、河本敏夫、ピッチャー宮沢喜一、キャッチャー渡辺美智雄で、私はひかえの内野手で代走役だったと記憶してます。

入閣初記者会見で発表した運輸行政五項目について簡単に説明します。

まず第一の成田空港の機能強化ですが、一九七八年（昭和五三年）、福田内閣で空港業務を開始したのだが、航空燃料の輸送が茨城県の鹿島港から臨港鉄道を利用して成田までタンクローリーで運んでいました。しかも国鉄労組が成田空港反対同盟に呼応して定期運転をしばしば休止するなど、列車妨害事件を起こすので燃料輸送が非常に不安定で、外国航空会社から大きな懸念材料になっていた。この解決策として、千葉港からパイプラインを敷設して直送する工事が発起されたのでありますが、パイプラインのコースとパイプの仕様をめぐって千葉県と空港建設公団との意見が食い違い、工事が停止されていました。反対同盟のテロ行為でパイプラインが掘り起こされないよう、とても深いところまで埋め込む仕事になり、経費が莫大なものとなったのですが、知事や公団を説得して無事解決しました。この工事完成によって外国空港会社が成田空港を正式に国際空港と認め、東京便の発着が急増したのです。

次に国鉄の改革案ですが、一九七五年（昭和五〇年）三月には新幹線の博多駅までの業務が開始されたのに、国鉄労組は待遇改善をめぐって、サボタージュ運動、いわゆる山猫運転を繰り返していました。特に一一月に入って一九二時間八日間連続してストライキを敢行。三木首相は国鉄に対し非常事態宣言をしましたが、労組が反抗して効果なく、国民も国鉄を諦めてトラック輸送とマイカーに切替えたのです。この段階で、国鉄の抜本的な改革、即民営化の問題が世論から誘導されてきました。

国鉄再建という大命題を負い、およそ四〇路線を第三セクターに

日本国有鉄道は一九六四年（昭和三九年）の決算で赤字に転落。繰越利益も食いつぶし雪だるま式に累積赤字が膨れ上がっていました。営業収益をはるかに上回る支出が構造的になったので、この体質を改革すべく政府は自民党と合意して一九七二年（昭和四七年）一月に「国鉄財政新再建要綱」を作成し、地方閑散路線三四〇〇キロを五年以内に廃止する。そのかわり当時の赤字たる借入金を政府が責任を持って処理、今後の国鉄財政に負担をかけないよう協力することになったのですが、自民、社会両党の国鉄関係議員等の強い反対で、閉鎖線の指定は「関係地方団体及び沿線関係者の同意を得た路線に限る」と注文がつき、四八年度予算編成時、即ち一九七二年（昭和四七年）一二月には、同年一月に決議した国鉄再建案は事実上廃案になり、これに連座して国鉄に対する財政援助も措置されなくなりました。以後毎年国鉄の累積赤字及び累年度の経常赤字、賃金交渉、運賃問題等、相関連した問題解決に毎年の予算委員会で騒動があり、国会審議での宿弊となっていたのです。

このような体質になった原因を考察すると、

①国鉄は終戦当時に海外からの引揚げ邦人のとりあえずの就職先として国鉄に吸収せしめたので、国鉄労働者が一時六五万人と極大化した。政府はこの人員処理を退職者等の自然解消だけとしていたので、その余剰過大な人件費負担に悩んだこと。

②国土開発、社会的基盤としての道路整備が推進されたので、モータリゼイションが進展し、それに適応する鉄道のあり方を考案することなく、安易な経営を続けていたこと。

③昭和三〇年代に入って日本経済は、終戦処理から経済発展の時代になり、急速な経済成長に入ったので毎年インフレの傾向が強かった。国鉄の運賃はインフレに油を注ぐと非難された次第で、運賃改正が非常に難しくなり、低運賃、非能率の矛盾の拡大になったこと。

④当時の労働運動の主体はいわゆる、総評（日本労働組合総評議会）であり、左傾化した運動の中核団体として国鉄労組を位置づけたので、国営企業としての構造改革や営業改善に踏み込んだ国鉄改革策が講じられなかった。一九八〇年（昭和五五年）には単年度で一兆円、累積赤字が六兆円という非常な経営内容が公表されたので、再建案とそれを裏付ける実施要項が政府の大きな責任となったこと。

私が一九八〇年（昭和五五年）七月に運輸大臣に就任したとき、国鉄再建に取り組むことが使命となった。まず根本的改革として国有鉄道を民営化に移行する。そのためには累積赤字六兆円の処理、特にこのうち郵便貯金からの借入金五兆六〇〇億円を処理することから始めなければならない。昭和四七年一月の政府自民党会議にある累積赤字処理と、地方閑散路線廃止をセットで解決することから再建への道筋をつけたいと思いました。

いわゆる赤字ローカル線の基準は一日一キロの輸送密度と代替輸送（例えば道路による代替等）が可能かどうか、を基準に採用した結果、約七〇数路線が浮上。しかしその実情は、国鉄全営業路線の四〇％もあるのに拘わらず、営業収入は四％、赤字決算の三〇％

を占めている。これらの路線を赤字ローカル線と位置づけ、国会の国鉄審議に持ち込んだのです。

一九八〇年（昭和五五年）一一月、「国鉄経営再建促進特別措置法」が国会で可決され、累積赤字のうち五兆六〇〇億円を政府で肩替りする予算案が閣議決定されるに至りました。現在全国に四〇路線ある第三セクター鉄道はこの法律に基づき、地方自治体や住民の努力で新設され、目下苦境にはありますが、頑張っている次第です。

私は赤字ローカル線の廃止をした責任があるので、現在第三セクターで経営している鉄道に大きい関心と経営継続が出来るよう注目しています。過日、岩手県三陸鉄道の創業二五周年記念式典に招待され祝辞を述べました。この鉄道の沿線は南北合計一一〇キロで、収入は五億円であるが、従業員六〇名すべて地元の青年男女で、若い人が経営しているのが特長です。営業利益はあるが絶えず災害復旧費に充当されるので、決算は赤字になる。従業員の平均給与はJR職員の半分程度であるが、地元の発展と学生や老人の貴重な交通機関であるので頑張っている。この鉄道会社からは、山間僻地や海岸に近く塩害の多い地方鉄道であるから、災害対策費として国費充当の配慮がほしいし、沿線は風光明媚で観光地が多いので、JR会社が連繋した広報をしてPR費用を負担してほしい等の要望がありました。

第三セクター鉄道は東北地方や九州に多いが、この維持、発展の為には地域振興、過疎化対策の重要な事業として重視すべき政策が必要であるのは言うまでもありません。

海上保安庁の機能強化は公害問題が深刻かつ拡大しているし、また、海難救済のため、上空から視察することが効果的である。したがってヘリコプターが離着陸できる大型（六〇〇〇トンクラス）の巡視艇を作ることであり、その予算を獲得しました。

地方交通機関の充実と整備については、ローカルの定期バスの財政支援を法律で明記して、バス会社を保護し地方の人々に安心をして貰うよう対策を講じました。離島については出来るだけ簡易な空港を建設して都市と直結し易くし、魚港を改善。人・貨共用の連絡船即ちフェリー船の活用を推進したりしました。（関西国際空港については別稿をもって報告する）

要するに運輸大臣の任期が一年七か月で比較的長期就任したので、不充分ではありましたが、各難問に積極的にアプローチすることが出来たことで満足しています。

再入閣、ヘリで認証式に

《一九八二年（昭和五七年）一一月の総裁選で、鈴木善幸首相の再選は確実視されていた。ところが、一〇月に突然、不出馬を表明。中曽根康弘、河本敏夫、安倍晋太郎、中川一郎の四氏による後継選びが行われた》

総裁選になる前に話し合いが行われて、「中曽根総理・福田（赳夫）総裁」案があったですね。僕らは何がなんだかわからんで動いてましたが、自民党の一番悪い密室政治ですよ。田中派が福田さんを受け入れなかったんで、中曽根さんが拒否したんでしょう。

総裁選には、福田派の後継者である安倍さんが初めて名乗りを上げました。予備選は田中派の支援を受けた中曽根さんの圧勝。安倍さんは河本さんに次いで三位でしたね。

《一一月発足の中曽根内閣は田中派から後藤田正晴官房長官ら六人が入閣、「田中曽根内閣」

と言われた》

中曽根首相は五年続くわけですが、パフォーマンスが良かったですね。首相就任後に、まず韓国に飛んでいった（八三年一月）。関係が良くなかった日韓関係がいっぺんに沸き立った。国鉄分割民営化も、うまかったですね。パフォーマンスや大統領的リーダーシップという面で、小泉（純一郎氏）とよう似てましたな。

《中曽根首相は「戦後政治の総決算」を掲げ、国鉄分割民営化、電電公社民営化などに取り組み、レーガン大統領と「ロン・ヤス関係」を築き、日米同盟関係を進展させた。八六年七月の衆参同日選挙を仕掛け、自民党は大勝。中曽根首相の総裁任期が一年延長された》

同日選はすごかったですね。「死んだふり解散」と言われてますが、よく衆参同日投票の日程を組んだなあと、びっくりしましたよ。野党は「けしからん」と言うてたけど、自民党は助かりましたね。私は八回目の当選を果たしました。

《七月発足の第三次中曽根内閣で文相となった藤尾正行氏が雑誌で日韓併合などを正当化する発言をしたことに韓国などが反発。中曽根首相は九月、藤尾氏を罷免、後任に同じ派の塩川氏を起用した》

群馬県で派閥の若い議員とゴルフしてたら、安倍さんから電話で「すぐ帰ってこい」と。びっくりしましたけど、認証式も驚きました。天皇陛下が那須御用邸（栃木県）でご静養しておられまして、中曽根首相とヘリコプターでお伺いしました。認証式の後、鮎《あゆ》の塩焼きで昼食をいただきました。うまかったですね。ヘリで御用邸での認証式というのは珍しいでしょう。

文相で思い出すのは、八三年から内紛が続いていた柔道界の統一に乗り出したことですね。学識者で懇談会を作って調停案をまとめてもらいました。実際の統一は八八年までかかりましたがね。あと、新任教員を対象とする初任者研修の導入や臨時教育審議会の答申とかありましたな。その多忙な中、安倍さんを担いで、八七年一〇月の「中曽根後継」へ動きましたね。

文部大臣時代

教育現場を知ろうと膝詰め談義。「校長先生への手紙」を記した

学校がいじめ問題で荒《すさ》むなか、青天の霹靂《へきれき》で文部大臣に

青天の霹靂でしたが、前述のように、私は一九八六年（昭和六一年）九月、文部大臣に就任しました。

文部大臣就任の二日後、町田市の中学校で先生が生徒からいじめに合い、その仕返しに中学三年生の生徒を先生が庖丁で刺し殺すという不祥事件が起きました。

この当時、学校ではいじめ事件が多発。それが一種の流行のようになり、学校も父兄

も困惑していたのですが、生徒同士がいじめ合う事件が大半で、先生がいじめられて生徒に仕返しすることはまことに珍しく、悲しい事件であるので世論は教育の荒廃に大騒ぎとなり、関係当局の責任を問うことになりました。

私は大臣として最高の責任ありと、しばらく対応に忙殺されました。非常に残念であり、悲哀を感じましたね。戦後わが国は急速な経済成長によって国民生活は刮目する程繁栄しましたが、その反面精神文化、特に倫理観が低俗化して、社会全般が不安定の状況にあった。町田の事件もそんな風潮の一端であって、同中学生の両親は子供の生活の面倒を充分にみられず、学校との情報の交流等まことに不足していた。親が学校教育に全く関心を持っていないことが判明し吃驚したのです。

すなわち、学校で対策協議をしようにも親は多忙で出席せず、ＰＴＡと学校との協議がまことに短時間で、しかもその開会が夜八時九時から。協議内容もいわずもがなの陳腐な意見ばかりで、親も教育者側も、この事件から予想される社会的危機は感得していませんでした。学校教育の怠慢がしばしば世論として非難されますが、大人の無責任と家庭教育の在り方が問題であるのはいうまでもありません。

米国の「危機に立つ国家」に影響を受け、臨教審発足

文部大臣就任中の主な教育関連課題を申し上げると、

①臨時教育審議会の報告
②義務教育教諭の初任者研修会
③大学に関する審議会の統一
④学生柔道連盟と講道館の統合

です。

臨時教育審議会は、中曽根総理の強い要請によって、一九八四年（昭和五九年）八月に発足しました。その発想は、一九八三年（昭和五八年）一月、米国のレーガン大統領が就任に際しベトナム戦争で世相が悪化したが、その蘇生のため教育改革を重要視する旨の演説をした。その実施のため直ちに五人の委員からなる教育審議会を発足。少数委員で精力的にまとめたものを「危機に立つ国家」と名付け、大胆な教育改革の方針を提示、その実施に踏み込んだ。これが原点になっています。

中曽根総理は米国の教育改革の刺戟を受けたので、臨時教育審議会が設置されたというわけです。わが国での臨教審発足は大騒動になりました。まず何のために改革をするのかが問題となり、また、文部省等政府関係者からの官僚的意見は聞かないとの趣旨から、この審議会では大臣等政治家は発言を許さず、委員一五名で決定すると宣言されました。なお組織として委員会の下に四五名からなる専門委員会を設け、さらに実務家の参加として参与七五名を指名。専門的立場から意見と経験を多く聴取することになりました。大部隊の組織機構で、しかも各分野の代表者であるので、議論は沸騰するが結論は一向に示されない。私は担当大臣としての意見を一言も述べることなく、一九八七年（昭和六二年）八月に最終報告を受領したのだが、その報告書は積み上げると一メートル位ある多量の書類となり、読まれることなく直ちに倉庫入りとなりました。

臨教審発足に際し議論の主な焦点を回顧してみると、まず自民党から臨教審の本質論が問題視され、提案された質疑要旨によると、

①臨教審で教育基本法を改正してほしいが、議論されるのか否か。占領政策をまともにうけて、日本精神を没却している現行の教育基本法のもとでは、如何なる改革案

も蛇足である。

②教育権は何処にあるのか。戦前は国家に教育権ありと誤認されていたが、現在では学校か、親か、教師か、教育委員会か、国家か、自治体か、教育の責任は誰か。

③教育経費の支出について明確な役割を決める。

④教師の身分について現行法では公務員として教育職と特定しているが、教師は自ら労働者であると自称している。キリスト教国では教師は聖職者として能力評価もしているが、わが国では教育労働者として労働組合法と公務員法とによって手厚い保護をうけている。教師の採用は専らペーパーテストによるもので、教師たる能力の評定はどうなるのか。

⑤日本教職員組合は教育の自由化を主張しているが、教育の自由化が教師による教育自由化となって教育内容が恣意的になっているケースが多い。教師の便宜主義の欠陥が出ているがどう改正するのか。さらに学校の選択が学区制によって強制されているが、教育の自由化との関連はどうなのか。

⑥教員の能力低下、人格未熟等教員の質的向上策はどう検討されているのか。

など多岐にわたる質疑と要望が提出されましたが、この臨教審では何ら結論が出ず、委員相互の意見交換に終始。立場の相違から非難と誹謗の応酬に終りました。

米国の「危機に立つ国家——教育改革の指針」が九六ページであるのに比べて、わが国の教育論議は如何に無駄なものであったか痛感した次第であります。

教育の現場が、いじめや学力低下等で動揺していることを心配し、私は機関や学校の各段階の責任者としばしば懇談会を開催して意見を拝聴しました。その結果を私は意見を書簡の様式にして、文部省の機関誌に掲載して教師の自覚に資したいと思い「校長先生への手紙」とした。以下その原文を保存しているので披露する。

校長先生への手紙

私は文部大臣として幼稚園、小学校、中学校、高等学校の校長先生や都道府県、市町村教育委員会の委員や教育長の方々と親しく懇談する機会を設け、教育現場でかかえておられる教育上の悩みや教育行政への要望など、直接お話を伺うことができました。この一連の懇談を通して、教育はやはり一人ひとりの教師の資質や能力、さらには教師に直接指導に当たる校長先生の確固たる教育方針とそのリーダーシップにかかっているということをあらためて痛感いたしました。この機会に全国の校長先生に私の意のあるところを訴えたいと思います。

先ず一人ひとりを見つめた教育実践を心懸けてほしいと思います。

学校教育は、個々の児童生徒の能力、適性等に応じた学習指導や生徒指導の充実を図ることが重要でありますが、その適切な指導は、先生方一人ひとりの御尽力に待つ以外に途はないのであります。

先年来問題となっております校内暴力、いじめ等児童生徒の問題行動については、校長先生を中心とした全教職員の一致協力による取組みをお願いしましたところ、徐々にではありますが、減少傾向が見られることは喜ばしいことであります。校長先生を中心に、教職員一体となった取組みをさらに一層進めていただくようお願いしたいと存じます。

次に学校教育に対する信頼の確保についてであります。最近、学習塾通いによる児童生徒の心身への負担が過大になり弊害が指摘され、大きな問題となっております。文部大臣としては、このたび、この学習塾の問題に関連して、学校における学習指導の充実等について都道府県教育長等に対して通知を出したところでありますが、各学校におかれては、この問題を児童生徒の健全育成及び学校教育に対する信頼にかかわる重大な問題として受け止め、校長先生を中心に学習指導の充実に真剣に取り組んでいただく必要があります。この点につきましては、保護者の理解と協力を求めつつ、是非真剣な取組みをお願いしたいと思います。

さらに私から強く要請したいこととして、国旗国歌を大切にして現場で教育実践していただきたい。去る一月、アメリカ教育省のベネット長官が、日米教育協力事業の成果を報告しました。報告に寄せたコメントの中で、自国の文化と伝統に誇りを持たない国民は、決して国際社会において名誉ある地位を占められないという趣旨のことを述べています。国民として自国に誇りを持つことがいかに重要であるかということを述べておりました。私もまったく同感です。

二一世紀に向かって、我が国が世界の平和と発展のためにますます大きな役割を果たすことを世界の国々から期待されている今日、子どもたちが日本国民としての自覚を持ち、国を愛する心情が育まれるようにするとともに、将来、国際社会において尊敬され信頼される日本人として成長していくためには、学校教育において、国旗、国歌に対する正しい認識を育てることは極めて大切であると考えております。

このような意味において、児童生徒の学校生活で最も大切な節目である卒業式や入学式などにおいて、国旗掲揚や国歌斉唱を行うことは極めて意義のあることであり、近く行われる卒業式や入学式で、その実施について校長先生の格段の御指導をお願いいいたします。

文部省は、来年度から初任者研修の試行に着手することといたしておりますが、この新しい研修を含め、教員の研修については、校長のリーダーシップのもと、その充実に格段の御配慮をお願いしたいと思います。

以上、意を尽くさぬ点もありますが、現在の私の心境を率直に申し述べ、校長先生をはじめ先生方の御理解を得たいと思う次第であります。(文部広報)

初任者研修について

教員の質向上や学習実施の向上等を目指した教員のたえざる研修が必要である。臨教審答申が教育改革に直結されない状況に鑑み、教育の質的向上をめざして教員の初任者研修制度を発足させた。

現在教員の採用は、ペーパーテストを合格して資格を得て教員就職を都道府県教育委員会に申し入れる。採用の正否は都道府県教育委員会で決定する。この経過からみて、採用決定までにその候補の能力や資質の判定は充分になされていない。したがって教員たる自覚と責任を充分に意識して教室に立つのではなく、単なる教育現場のサラリーマンとして従事しているのが大部分の先生達である。

教員経験数か月後に新任教員の集合研修を実施し、合宿生活を通じて自己責任を自覚し、初任者の体験にもとづき教育者としての資質を開発してもらうことにした。この制度発足に際し、法案の国会決議で大いに苦労をした。当時野党の社会党は、日教組擁護のため「教員の研修は日教組の教育研修総会でやっているので文部省が介入することはならぬ」と強い反対であった。私のところにも連日組合出身の代議士が抗議に来た。日教組の研修は労働者としての教員の自覚とあり方を叩き込むことであり、その立場から義務教育を通して、国民の意識を組合主張の通りに誘導するかのような研修であるから、われわれ一般国民は許容しうるものではない。この時期に日教組の組織内に委員長派と書記長派との対立抗争があったので、私は大臣として両派個別の交渉を余儀なくさせられた。

初任者研修制度は、都道府県別に当該教育委員会主催で実施されることになり、旅客船を一週間借り切って洋上合宿訓練をする県もあったが、それ相応の良き反応があり、現在も実施が継続されている。

世代交代「安竹宮」へ

「三角大福中」の時代から、「安竹宮」（安倍晋太郎、竹下登、宮沢喜一の三氏）のニューリーダーの時代になるわけです。その裏には世代交代の戦いがあったですね。

《一九八二年（昭和五七年）一一月発足の第一次中曽根内閣で、安倍外相、竹下蔵相。八三年一〇月、ロッキード事件で田中角栄元首相に実刑判決。一二月の衆院選で自民党は敗北、中曽根康弘首相は新自由クラブとの連立で危機を乗り切る。八四年一一月の内閣改造で宮沢総務会長》

八四年一〇月の総裁選で中曽根さんは再選されるんですが、その前に〝二階堂進副総裁擁立劇〟というのがあったんです。鈴木善幸前首相や福田赳夫元首相らが、田中派の二階堂さんを担ぐというものでした。角さんの反対で失敗するんですが。福田さんには申し訳ないのですけど、公明、民社党の首脳も同調するなど、かかわった人たちが烏合《うごう》の衆的だったですな。私らは「筋が通らん」と反対でしたね。

《福田氏は著書『回顧九十年』で、「私としてはこれによって金権支配（田中支配）を断ち切れないかと考えてのことだった」と述べている。北岡伸一・東大教授は著書『自民党』で、「二階堂擁立工作失敗は、長老支配の終焉《しゅうえん》を意味した」と指摘している》

二階堂擁立劇を機に、田中派内がガタガタしだした。竹下さんらが台頭して、世代交代の機運が出てきましたね。翌八五年二月、竹下さん、金丸信幹事長らが勉強会（創政会）を旗揚げするわけです。角さんは怒ったですが、直後に脳こうそくで倒れてしまう。「田中支配」の終わりですね。

実は、福田派内でも安倍派へという声は、安倍さんが初めて立候補した総裁選（八二年一一月）ごろからあったんです。安倍さんは派内の衆院の中堅・若手議員はしっかり握っていましたからね。でも、ベテラン衆院議員や参院議員は福田さんでしたね。

僕は両者の間に位置していたんで、『三角大福中』体制の下で、安倍さんが先行する形で派閥を継承するのはどうか。まだ早い」と言うてました。

田中派で竹下さんらが実権を握り、八六年七月の衆参同日選挙を機に、福田派が安倍派に、鈴木派が宮沢派に衣替えするわけです。

《七月の第三次中曽根内閣で、宮沢蔵相、竹下幹事長、安倍総務会長と、三氏は要職に就く》

三人を比べると、堅実に仕事をしていく有能な政治家というのだったら、竹下さんだと思いますね。理屈とか安心できる政治をやるというのは宮沢さんでしょう。外交も財政もできる。安倍さんは度胸がありましたね。やっぱり、一番政治家らしかったですな。

いよいよ、「ポスト中曽根」の争いが始まります。安倍さんと竹下さんは、若い時から個人的に仲がよかったですな。両派は交流を重ね、「安竹連合」が形作られました。しかし、派閥の数は竹下さんの方が勝っている。こちらとしては、安倍さんに一本化したいところでしたが……。

中曽根後継へ駆け引き

《一九八七年（昭和六二年）一〇月二〇日未明、中曽根康弘首相の裁定で、竹下登幹事長が後継総裁に指名された》

中曽根裁定までに、竹下、安倍（晋太郎総務会長）、宮沢（喜一蔵相）の三派を中心に様々な駆け引きが行われましたな。

うちの派は、安倍、竹下さんの友情を基にした「安竹連合」に、河本（敏夫・元経済企画庁長官）派を加えた三派連合を作って主導権を握ろうとしたんです。しかし、三派連合の枠内では、派閥の数が多い竹下さんが有利となりかねない。そこで、私なんかは、宮沢派との連携も探ることで、竹下派をけん制する動きもしましたね。

総裁選告示後は、安倍、竹下、宮沢さんらが一週間以上にわたって何回も話し合った。

候補一本化の調整なんですが、要は安倍か竹下のどちらに絞るかということだったですね。最終的に、中曽根首相に一任、裁定となるわけです。

実は、こういうことがあったんです。裁定は二〇日未明ですが、一九日の夜中、私らが詰めていたホテルに電話がかかってきた。安倍さんにです。竹下派の金丸（信副総理）さんからだったと思います。電話を終えた安倍さんが「ちょっと出てくる」と外出しようとしたんで、私や小泉（純一郎）らが、おかしいと思って「行っちゃダメだ」と止めたんですよ。

帰ってきた安倍さんが元気なく、言うんです。「次は竹下で、僕は幹事長で彼を助けるよ。竹下派に数ではかなわない」と。その時、小泉が「だから行っちゃダメだと言ったのに」と憤激してました。

《一一月、竹下内閣が発足。宮沢氏は副総理・蔵相、安倍氏は幹事長に就任した》

竹下内閣では消費税の導入が大きな仕事でしたな。中曽根さんでもできなかった。気配りの竹下さんらしい慎重な運びで、取り組みましたね。今でこそ消費税への理解が進みましたが、当時はすごい反対があった。僕は有権者に理解してもらうために、大阪のホテルで説明会を開いたことを覚えてますよ。

《八八年七月からの臨時国会に消費税関連法案が提出された。しかし、リクルート疑惑が発覚し、竹下首相、宮沢、安倍、中曽根氏ら有力政治家の関与が次々と明らかになった。法律は成立し、八九年四月から消費税が導入されたが、竹下首相は同月、退陣を表明した》

本当だったら、竹下さんの後は安倍さんだった。でも、リクルートに安倍さんも引っかかっていた。宮沢さんも駄目。じゃあ、竹下後継は誰なんだ、と。退陣表明から後継が決まるまで一か月余りもかかるんですね。

実は、早い段階で、安倍さんと竹下さんから「幹事長は橋本（龍太郎＝竹下派）で、君は政調会長か総務会長を」と言われたんです。それで、「総理はだれですか」と聞いたら、「これから選ぶんだ」と言うんですよ。後継は安倍さんへの「つなぎ」ということだったんでしょうね。

官房長官公邸、自腹で修理

竹下登首相の後継は、総務会長の伊東正義さんが最有力候補となりましたね。大平内閣の官房長官を務めた人ですが、「田中政治」には批判的で清廉な人でしたよ。でも、「本の表紙だけ替えても、中身が変わらなくてはだめだ」と固辞。それで、宇野宗佑外相（中曽根派）に白羽の矢が立つわけです。

《一九八九年（平成元年）六月、宇野内閣が発足した。塩川氏は官房長官に起用される》

僕は「政調会長か総務会長」と言われておったんで、政調会長と思っていたんですよ。ところが、急に官房長官をやってくれと。首相の女房役は、自派から出すのが普通なんですが、中曽根派に適任がいなかったのか、よくわかりません。

宇野首相が「首相公邸に住むから、君も隣の官房長官公邸に住んでくれ」と言うんですわ。雨漏りはするし、炊事場とか風呂場とかも直さないと住めんかったですわ。費用の一七〇〇万円は自腹で払いました。

リクルート事件を受けて政治改革を前進させるということで「改革前進内閣」を旗印にしてました。でも、とにかく七月の参院選をどう乗り切るかでしたよ。ところが、内閣発足直後に、宇野さんの女性問題が週刊誌に出てしまった。

そして、中国で天安門事件ですわ。北京で、学生などの民主化要求を武力弾圧した事件です。この二つの問題への対応を同時並行でやらなきゃいけない。官房長官は毎日二回、記者会見するから、大変でしたよ。

天安門事件で、米国は人権弾圧と非難して制裁措置を取った。欧州も続いた。日本も非難すべきだとなった。私は記者会見で「誠に遺憾」との表明にとどめました。実は在留邦人の問題があった。北京だけで二〇〇〇人以上いました。避難勧告を出し、帰国用の臨時便の申請を中国にしていたんですよ。大使館から「申請の許可が下りるまで非難声明は待ってください」と。邦人の安全優先でした。

《六月の天安門事件は、七月のアルシュ・サミット（仏）の大きなテーマに。政治宣言で中

国の人権抑圧を強く非難したが、日本の働きかけで新たな対中制裁は盛り込まれなかった》

もう一つ、宇野さんの女性問題はスキャンダルに発展していくんです。宇野さんも弱気になっちゃって。僕は辞めるべきでないと鼓舞しました。党の方も「選挙があるから頑張れ」と。と言うよりも、ある大幹部が言った、「辞められたら後任がいない」というのが本当のとこでしたかね。

リクルート事件、消費税に加えて、首相の女性問題ですからね。七月下旬の参院選では自民党に猛烈な逆風が吹きましたよ。総裁である宇野さんには、候補者から応援要請が来ない。官房長官の僕は首相の女房役ですからね。見かねて地元の大阪で演説会をセットして、宇野さんに来てもらったんですよ。難色を示す後援会を拝み倒して開いてもらいましたわ。

参院選大敗、六九日で退陣

参院選は歴史的な大敗となりました。やっぱり、宇野宗佑首相の女性問題が一番効いたですね。

《一九八九年（平成元年）七月二三日投票の参院選の結果、自民党は過半数を大きく割り込んだ。大勝した社会党の土井たか子委員長は「山が動いた」と述べた》

投票日の夜中に、これはあかんと思うて、翌二四日朝七時前に首相公邸に行ったんです。「これじゃ、どうにもならん」と、僕が言うと、宇野さんが「どうしたもんだろう」と。「辞めるよりしょうがないじゃないか」と言うと、「そう軽率に言えない」と。

そこに中曽根派の中堅・若手数人が来て、どうやって収拾するかとなったんです。宇野さんは「総理と総裁は別もんじゃないかね」と言い出す。選挙の責任を取って総裁は辞めるが、首相は辞めないということですよ。僕は「そんな『総総分離』なんかできるはずない」と言ったんです。

リクルート事件にからんだ有力者が多くて、宇野さんの後継がいるのか、という空気が党内にあったのは確か。でも、敗北の責任を取って宇野首相が辞任するのが筋だ、と説得しました。一一時から記者会見し、宇野さんは退陣表明しました。

宇野内閣は六九日で終わってしまいました。短命だった影響はいろいろありましたな。内閣が代わったりした時に、『国会便覧』という資料を民間会社がいつも作る。でも、宇野内閣では作る時間がなかった。それで、記録のために、内閣が終わった後に作ってもらった。自費で買い取って、宇野内閣の閣僚らに配ったんです。

《宇野後継を決める総裁選に、海部俊樹・元文相（河本派）、林義郎・元厚相（二階堂グループ）、石原慎太郎・元運輸相（安倍派）が立候補、海部氏が圧勝した。八九年八月、海部内閣が誕生した》

宇野さんも、海部さんも、最大派閥の竹下派が決めた総理・総裁ですよ。「つなぎ」と位置付けられていました。本命が安倍（晋太郎）さんです。それで、安倍派も、「次は安倍」ということで、海部擁立に乗ったわけですな。

ところが、派閥横断的な中堅・若手に推されて、石原が出馬の意向を示したんです。安倍派が割れかねない。安倍さんは怒ったですね。石原に票が行かないように締め付けましたな。

実は、安倍さんは、竹下さんが首相辞任表明した四月に入院したんです。総胆管結石という病名でした。とは言え、当時は幹事長でしたから、竹下後継の調整で病院を抜け出して、有力候補の伊東正義さんを説得したり、したんですわ。それで悪くなった。宇野後継で石原が出る出ない、とやっていた時は病み上がりでしたね。

《海部政権では、竹下派の小沢一郎幹事長、橋本龍太郎蔵相が起用された》

安倍さんが「次」とされながらも、病気で体調が良くない。そうした中で、「竹下派支配」が強まっていくわけです。

胃がん克服、地価税導入

《一九八九年（平成元年）一一月、東西冷戦の象徴だった「ベルリンの壁」が崩壊。一二月、米ソ両首脳はマルタ会談で冷戦終結を宣言》

「ヤルタからマルタへ体制の変化は、歴史の必然であります。この世界的変化に対し、いかに対応するか、本年こそわが国にとって重要な年であります」

九〇年一月の後援会機関誌「時報」に書いた年頭の辞の一節です。八九年は竹下―宇野―海部と政権が代わるなど、日本は内向きで、世界の潮流から取り残されとった。九〇年八月からの湾岸危機・湾岸戦争を機に、日本の国際貢献のあり方が問われることになるわけです。

今考えると、この年は私にとって、政治家として大きな転機でした。がんの手術を受けたんですが、逆に、病気したから長生きできたのかもしれませんね。

僕は九〇年三月、自民党税制調査会長となりました。党税調は権威のある組織で、毎年の税制改正を事実上、決めています。私が会長の時は、消費税の見直し問題と土地税制が大きなテーマでした。

ところが、四月末の連休前に人間ドックで検査を受けたら、胃がんが見つかったんです。入院して切除手術を受けたんで、税調の総会が中止になった。「塩川、どないしたんや」と。「入院してるらしい」と騒ぎになり、報道陣が病院に押しかけたんで、胃がんを公表したんですよ。

そしたら、「政治家は病気を隠すのが普通なのに、塩川は『がん宣言』した」とマスコミに取り上げられてしもうた。入院二〇日ほどで退院し、六月の消費税見直しの国会論戦で、僕が代表質問に立ったんで、みんな二度びっくりですよ。体重が一五キロほど減りましたけど、元気なもんでしょう。

税調会長でやったのは、地価税の導入ですな。当時はバブル経済が招いた地価高騰で、「土地神話」の時代。土地投機を何とか抑えんといかんと、新土地保有税を考えたわけです。当然、反対や慎重論が多かった。土地持っとる業界は族議員に働きかけますからね。

新税導入が了承されても、今度は税率や課税最低限などを巡って骨抜きにしようとする。税制大綱を決める一二月に入っても反対が収まらん。毎日、会長案を出しては党内に諮り、大口土地所有者に〇・三％（初年度は〇・二％）を課税するとの内容で、ようやっとまとまりました。地価税って名前、僕がつけたんです。

「おれのところ引っかかるから、何とかしてくれ」と言ってきた政治家が何人もいましたよ。ところが、僕も引っかかってしもうた。自分のことなんか考えたこともなかったから、「これはえらいこっちゃ」と。

「税調のドン」と言われた山中貞則さん（元通産相）に言われましたよ。「君の政治家としての功績は自分で新しい税制を作ったこっちゃぞ。だから辛抱せえ」と。地価税は効いたでしょ。あれでバブルが崩壊した。

《地価税法は九一年四月に成立。地価の下落が続いたため、九八年度以降、凍結されている》

党税制会長時代

バブルの狂乱を抑えるのは、税か総量規制か

総量規制か、土地への課税か。暴騰した土地価格を抑えるべく奔走

私は一九六七年（昭和四二年）の初当選以来、党の税制調査会の幹事に指名されていました。党税制調査会は非常に権威あるもので、政府税制調査会は政権政党の年次改正報告をもとに議論し決定するもので、政府採用の税改正案となります。党税調のなかには国税関係と、地方税関係の二部門があり、どうしても国税中心となる故に、地方税の人員は少なかったのですが、私は議員当選以前に地方自治体の仕事をしていたので、地

方税の心得がありと推挙され、初当選時から地方税関係幹事となっていました。

一九九〇年（平成二年）二月、突然、党税調の会長をやれと言われました。党税調の大ボスだった山中貞則先生が推してくださったんです。当時は、諸物価インフレで、しかも金利も高水準であるのに、バブルの最盛期で、地価の高騰や株価、諸物価の値上がりなど、すごい状況でした。一九九〇年（平成二年）三月、会長就任と同時に正副幹事会の会合を開催。どうインフレを抑えるかについて話し合い、「金利は相当高率になっているのに、貸出資金が猛烈に増加しているのでその対策として、貸出規制をするしかない」「固定資産税や土地取引税、取得税をあげろ」など様々な意見が出されました。

四月になって、私は大蔵省を訪問。橋本龍太郎大臣と平沢貞昭銀行局長に「銀行が資金をどんどん貸し出すから地価が上がる。貸付を規制してくれ」と相談しました。すると橋本大臣は、「これまでなら大蔵省は銀行局を通じてそういう行政指導もできたけど、今は日米間の通貨自由化取決め後、銀行指導が出来ず、その権限を行使できなくなったんだ。銀行の独自性が大切にされてるからね。日銀も独立性を強く主張するから、こちら側の規制の強制は要求できないんだ。だから税金でやるしかないよ。固定資産税を思いっきり取れ」とおっしゃる。余談だけど、まあ本当はできたんでしょうが、田中総理時代からの開発志向と土地の有効利用の点から考えると、土地の値上がりを抑制することは「できない」と言ったんだろうと思いますね。

それを党税制調査会の幹部会で説明したら、地方自治関係の有力議員から「固定資産税というのは安定した税であるから、地価対策のために上げたり下げたりするもんじゃない！」とものすごい反対に合いました。それで地価対策は一時頓挫しました。「故に、しからば新税を制定し、上げて地価を抑えるしかない」ということになりました。しかし法律的に税制で地価を抑えることは善政だといえるか？　それよりやはり資金統制がいいのでは？　この問題を巡り税制調査会と政務調査会との間で議論が続いたまま五月の連休に突入しました。

初めての検診で胃に異常がみつかる。党税調の時はいつも病気が傍らに

当選以来、私は一度も身体の健康検診を受けたことがなかったので、衆議院事務局人事課にデータがない。だから「ぜひ受けてくれ」と当局から言われ、四月二八日に虎ノ門病院で受診しました。内視鏡の検査では、担当の女医さんが一時間も私の身体に器具を入れたまま、各方面の先生方と協議をしていました。「なんとか早くしてくれんかあ。苦しいて仕方ないわ」と訴えるも、「写真を撮らないといけませんから」と取り合ってくれない。検査の後、虎ノ門病院の副院長の秋山先生から「胃に異常があります。精密検査をしなくちゃいけない」と伝えられました。自覚症状がまったくないだけに信じられなかったですが、先生は「胃ガンに進行する可能性がありますから手術をしましょう」とおっしゃる。安倍晋太郎、福田赳夫両先生にご相談すると「君のように元気な者が胃ガンとは吃驚するね。そんなものは切らなくても二、三年は大丈夫だよ」と笑われました。しかし秋山先生の薦めで五月二日に入院して、胃切除の手術を受けました。このときは悲痛な思いで、これを切っ掛けに政治引退しなければ！と気弱になりました。さらに腸にも癒着があるからもう一度手術をしなければなりません、と宣告されたので苦悩のどん底でした。退院するときは八五kgあった体重が一五kgも減って七〇kgにまで痩せてしまいました。

地価対策を税金でできないか。さまざまな人たちと試行錯誤

その後連休をはさんで一〇日間入院し元気を回復して、五月の中旬に党税調の有志懇談会に出席しました。この懇談会で数回にわたり野口悠紀雄教授（一橋大学）や岩田規久男教授（上智大学、いずれも当時）等数名の学者にお願いして勉強しました。テーマは地価対策だけではなく、バブル対策は如何にあるべきか。地価ブームを消滅させることで経済環境がどうなるのかを勉強しました。その他大蔵省、自治省、国土庁、建設省、農林省の税金および土地に関する担当者にも意見を聞きました。この人たちの意見はすべからく「資金調整でインフレを止めるべき」というものでありました。

したがって私は、九月上旬に再び橋本大臣のもとを訪ねましたが、「大蔵省としては、総量規制はできません」と言われてしまい、では税制改正で対応しようと決心しました。

大蔵省の尾崎護主税局長を呼んで、「税でいくなら、国税がいいのか、地方税がいいのか」と意見を求めると、「地方税が当然です」と言う。自治省の湯浅事務次官にも話を聞きましたが、「それは土地に関する税金は地方税でやらないと仕方ないでしょうが、地方

団体は地価対策に地方税を利用することに納得しません。地価対策税反対であります」。そもそもなんで地価対策をやらなきゃならないのか、という話でもあるので、税だけでなく多角的に解決すべきじゃないのか。この際、土地総合対策を決定して、その一環として税も考えたらどうか、その党税制調査会の申し入れによって自民党の総務会で、地価対策総合調査会が発足したのですが、議論ばかりで対策は出てこない。

その後も地価の高騰は続き、なんとかしなくてはならんということで、再度、自治省の事務次官ならびに税務局長と相談したところ、「これは地方税ではできません。国税で考えて下さい。その代わり土地に関する資料は出来るだけ提供し協力します」ということでしたので、大蔵省の尾崎護主税局長に伝えると「じゃあ、大蔵省でやりましょう」と英断してくれました。

しかし大蔵省としては、明治以来、土地への課税をしたことがなく、土地の調査や課税は旧内務省→府県知事が中心でありましたので、大蔵省としては相続税の路線価調査書しかない。どうしても土地の細かな資料というのは自治省にあって、自治省が了解しないうちに、大蔵と自治が同じように課税をするというのは具合が悪いんで、その調整をしてくれないか、ということになり、私は幸い地方税担当で党税調の幹事になっていたので、その調整役を引き受けました。それ以外の問題については大蔵省は触ってはいかん、という厳しい抗議がありました。まず税の名称をどうするか。「土地引取税」とか「土地付加税」とか名案がでましたが、私が主張して「地価税」という名前に決まりました。

さらに一〇月に入ってから本格的に地価税の議論が深まり、最初は法人だけを対象にするという話だったんですが、所有権が個人のものも相当あり、それを賃貸しているものもあるので、法人、個人同様の扱いにする。また、三大都市圏だけに絞ろうということもあったが、平等の取り扱いが当然となりました。

次に課税対象額と免税範囲の問題となり、一〇〇〇平方メートル以上のものにかけよう、そして税率は薄くという大枠が決まりました。課税対象の問題については、固定資産評価額でやるのか、時価でやるのか、路線価方式でやるのかという選択肢の中から、国税としてやるのだから相続税の路線価方式でやるということに決定しました。このように地価対策の税の内容が次第にクローズアップされ、自民党が本気で法律化することが噂とはいえ経済界に浸透してきたので、私が党税調の議論の内容を説明し「地価税を課す」と発表したタイミングで、地価のバブルは急速に収縮し、土地ブームはおさまってきた。土地神話は崩壊し、過去における武勇伝になってきました。

結局この税は、九二年から九七年まで課税されたあと、地価の価格低下により正常な地価取引に移行しましたので、必要性がなくなり現在は課税が停止されています。この新税による増収はたかだか二千億円くらいなものでしたが、地価が正常化した功績は大きいと思います。反面この税の導入により固定資産税の評価方法が変り、地方自治体はその変更説明に大変苦労しました。しかしながら、市町村にもたらした税収のほうがはるかに大きなものだったというのは、特筆に値することかもしれません。

地価税という法律は生きていますから、将来再び土地の不当なバブルが起ったときには、速やかにこの税を宣告し抑制を期してほしいと思っています。その意味で大きな遺産かもしれません。

一二月に二回目の手術。清和会の会長争いから退き養生に専念

余談ですが、病気のことをもう少し書きますと、虎ノ門病院の秋山先生はこの年五月に、胃の全摘手術を執刀されたとき、「もう一回、きてもらって手術をせないかんかもしれん。お腹を開いたら癒着と腫瘍があったんです」とおっしゃる。やはりお医者さんの忠告には絶対服従ですので、一二月に腸の一部を切除しました。この手術でさらに一〇kg痩せました。ちょうどそのとき安倍晋太郎先生が順天堂大学病院に入院していて「塩川君、なんでそんな手術したんや、あと二、三年は大丈夫やって言っとったやないか」と電話をくださいました。しかしその後、しばらくして安倍先生が亡くなられ、非常に残念なことでしたよ。順天堂大学病院からしばしば電話をもらいました。先生の私に対する遺言のように思います。私を引き立てようとの思いから、手術に大きい関心をもって貰っていたのだと感謝しています。

この二度の大病により、とても体力的に激務に耐えることができない状態であったので、福田赳夫先生は「清和会の会長争いなんかに君は精力を使わんで、とにかく養生一

本で身体を休めろ。必ず君は必要な時ができてくるから。生きていることが大事だ」とおっしゃってくださいました。これで私も家内も、福田先生の言うとおり養生に専念しようと決めました。人生で進むときは他人の力を借り、退くときは自ら決断せよ、と申します。私は淡泊な性格なので諸先輩の忠告は素直に受け入れる。このお陰様で米寿を健康で迎えられることになったと感謝しています。

安倍後継争い、座長一任

海部内閣の政権運営は実質的に、竹下（登・元首相）さんや小沢一郎幹事長ら竹下派が握っておった。「二重権力構造」とか「竹下派支配」とか言われました。

海部首相が二年もやるとは考えもしなかった。その間、「次の総理・総裁」と言われていた安倍晋太郎・元外相の病気が悪化していったんです。一九八九年（平成元年）四月に総胆管結石で入院したんですが、九〇年一月には自民党訪ソ団を率いるなど、外交に力を入れていました。

しかし、九一年五月、逝去されました。私は病院に駆けつけましたが、タクシーがうまく捕まえられず、亡くなった直後でした。「痛い、痛い」と苦しんでおられた前日とは打って変わって、温和なお顔でした。総理・総裁の座を目前に、無念だったと思います。

私は九〇年五月の胃がん手術のあと、同年一二月にも手術をして、げっそりやせたんです。生前、安倍さんから「なぜ、君は（胃がん手術を）一年ぐらい待てなかったのか」と聞かれたことがありました。私の健康が安倍派後継に影響を及ぼすとは思いもしませんでした。

《当時、安倍派には、塩川氏、加藤六月政調会長、森喜朗・元文相、三塚博・元外相の四人の幹部がおり、「安倍派四天王」と呼ばれていた》

安倍後継では、派内に二つの考え方がありましたね。暫定的に派内をまとめる会長を選び、その後、総裁候補たりうる人材を選ぶ、という考え。一方、会長はあくまで総裁候補でなければならない、という意見です。

そして、私と三塚氏の名前が取りざたされるようになる。私は病気したんで暫定会長、三塚氏は本格会長ということでしょうか。加藤氏が私を、森氏が三塚氏を推したため、派内抗争に発展しかねない状況になったんです。

そんな時、福田赳夫先生に呼ばれました。福田さんは岸―福田―安倍と続く派の理念を説き、「病後の君のやせた姿を見るとたまらん。生きることに専念せよ。必ず君が必要とされる時が来る」と説教されました。その帰り際、「三本の矢は束ねると折れない。長谷川（峻・元法相）、三塚の両氏と協力して清和会（安倍派）の難局を切り抜けてくれ。君は健康第一で生き残れ」とおっしゃったんです。

私は派の代表世話人をしていましたので、派の座長・長谷川氏、事務総長・三塚氏の三人で徹底的に話し合うことにしました。そして、私は後継会長指名を長谷川氏に一任することを提案しました。長谷川氏が三塚氏を指名することは予想されましたが、派の分裂を避けるためにはこれ以外にないと考えたわけです。

実は、安倍後継問題には、竹下派の竹下さんと金丸信・元副総理との微妙な対立関係が影を落としておった。三塚氏は竹下氏に近く、加藤氏は金丸氏と親しかった。三塚派誕生後も、金丸氏に揺さぶられ、加藤六月氏らは派を離脱しました。世に言う「三六戦争」ですわ。

選挙制度改革、党を二分

《一九九一年（平成三年）、海部首相はリクルート事件を受けて、衆院への小選挙区比例代表並立制導入を柱とする政治改革関連法案の成立を目指したが、国会で廃案となった。首相は「重大な決意」と発言し、衆院解散を示唆した。しかし、竹下派の支持が得られず、一〇月の総裁選不出馬に追い込まれた》

政治改革では、三塚派には推進派が多かったけど、小泉（純一郎氏）は反対派の急先《せん》鋒《ぽう》やったね。彼は、小選挙区の導入などで党執行部の力が強くなり、「竹下派支配」がさらに強化されると考えておったようだ。それと、「海部続投」問題も絡んでいたね。三塚、宮沢、渡辺の三派が続投阻止で連携しておった。

《総裁選には三塚博・元外相、宮沢喜一・元蔵相、渡辺美智雄・元蔵相が立候補。竹下派が

《宮沢氏を支持し、一一月に宮沢内閣が発足。塩川氏は自治相で入閣》

人事では、実権を握る竹下派に「三塚派はずし」をやられましたな。三塚派は、私のポストとして通産相を求めたんですが、通らんかった。どうも私は田中―竹下派から嫌われていたね。

自治相になって驚いたのは過疎地での医師不足ですわ。北海道の小さな市では、冬になると公民館にお年寄りを集めて病気にならないよう面倒を見る。医者がいないからですよ。財政的な手当てをしたり、消防に救急に使えるヘリコプターを増やしたりしましたけど、焼け石に水だったね。今になって医療崩壊と騒いでおるが、いかに怠慢であったかということですよ。

《九二年、金丸信・竹下派会長が東京佐川急便からの五億円違法献金問題で、一〇月に議員辞職。金丸後継をめぐり、竹下派は小渕派と羽田・小沢派に分裂した。九三年一月、宮沢首相は政治改革断行のため、自ら本部長を務める党政治改革推進本部を設置。塩川氏は本部長代理に起用され、実質的な責任者となった》

一月から三か月間、党内論議を行い、ようやっと衆院への単純小選挙区制導入を柱とした政治改革関連法案の党議決定にこぎ着けたんです。選挙制度の変更は政治家の死生にかかわる。決定は容易でなかったですわ。でも、三月の金丸氏逮捕で、国民の政治不信は頂点に達してましたからね。

国会には、自民党案と野党の案が提案されていました。それで与野党で妥協案作りが進むんですが、自民党内で妥協案をめぐって選挙制度改革反対派と推進派の争いが再び激しくなってくるんです。

大詰めを迎えた五月末、宮沢さんはテレビ番組で「政治改革はこの国会でやらないといけない。やるんですよ」と明言するんです。後で、私が「本当に言うたんですか」と聞いたら、「塩川さん、ちょっと言い過ぎたわ」と言うてました。宮沢さんも向こう気の強いところがありましたからね。「そこまで言われれば、やりますよ」という気持ちになったんだろうね。これが食言となってしまうんです。

自民分裂、野党に転落

いよいよ自民党が分裂する一九九三年（平成五年）六月を迎えます。

私は党の政治改革推進本部（本部長・宮沢喜一首相）の本部長代理として、与野党が政治改革で妥協できる案をまとめようと奮闘しておりました。最後は、党議決定された衆院単純小選挙区制に代えて、海部内閣時の案、小選挙区比例代表並立制を提案したんです。

それで、総務会で決定するように求めたんですが、慎重派の佐藤孝行総務会長がなかなか総務会を開かんのですわ。赤坂のしゃぶしゃぶ屋に、総務会のメンバーを個別に呼んで、「助けてくれ」「反対なら欠席してくれ」とやりましたよ。

党内の推進派と反対派の対立は激化する。国会の会期末はどんどん迫って来る。ついに、梶山静六幹事長ら党執行部は、妥協案作りを断念してしまう。法案は不成立ということですよ。六月一六日の臨時総務会で断念を確認しました。その前の首相官邸での会談で、私は宮沢さんに「これで私の役目は終わりました」と辞表を出しましたわ。

《六月一八日、野党提出の宮沢内閣不信任決議案が羽田・小沢派の賛成で可決され、宮沢首相は衆院を解散した。羽田・小沢派は離党、さらに、政治改革推進派の武村正義氏ら若手も離党し、自民党は分裂した》

僕は梶山執行部に何度となく、「政治改革法案を成立させないと、野党は内閣不信任案を出す。羽田・小沢派が離党する可能性が高い。そうなれば解散になる」と警告してたんですよ。執行部は、羽田・小沢派が党内野党であるよりも離党してくれた方がいいと考えとった。梶山さんは「あんなやつらがおったら、党はめちゃくちゃだ」と言ってましたね。

梶山さんは小渕派。最大派閥の竹下派が小渕派と羽田・小沢派に分裂したことが自民党分裂につながった。要は権力闘争ですよ。羽田・小沢派は政治改革を叫ぶことによって、自民党での四面楚歌《しめんそか》の状況を打ち破ろうとしたのでしょう。

同じ三塚派の武村氏は政治改革推進本部の事務局長として僕の下で頑張ってくれたんです。「自民党じゃ、もうダメだ」と言っておった。彼はカリスマ性があったから若手を連れて、新党さきがけを結成したね。僕が選挙で世話した派の議員が何人もおったね。

《七月の衆院選で自民党は過半数を得られず、宮沢内閣は総辞職。八月、非自民連立の細川内閣が誕生。自民党は野党に転落した》

細川護熙首相が決まる前に、武村氏らが「塩川さんも、三塚（博・元外相）さんも一緒に協力してやりませんか」と言うんですわ。武村氏は同じ派閥で、非主流派としての苦労を知ってますからね。私らも「こんな自民党でえぇんか」と思っとったですが、その場では「そんなバカなことできるか」と怒ったですがね。

八党会派が集まった細川政権は、頭尾が八つもある「やまたのおろち内閣」ですから、何もできない政権だと思ったね。突然発表して直後に撤回した「国民福祉税」が象徴的だったね。

野党で知った官僚の本質

《一九九四年（平成六年）一月に細川護熙首相と河野洋平自民党総裁が政治改革関連法案の修正成立で合意し、衆院への小選挙区比例代表並立制の導入を柱とする関連四法が成立する。しかし、細川首相は四月、突然辞任表明。後継の羽田内閣も六月に総辞職する》

約一年の野党暮らしは、つらかったですね。初めてのことですから。第一に、団体の陳情なんて全然、来なくなっちゃった。法案説明に来る官僚は、局長でなく課長補佐ですよ。党本部は閑古鳥が鳴いている有り様でしたな。

みんな困っとったのは、「励ます会」（政治資金パーティー）の券が売れないことですよ。一〇〇万円買ってくれていた業界団体が、今度は二〇万、一〇万円しか買ってくれない。僕はパーティー開いたことないから影響なかったけど、深刻やったですね。野党のつらさに我慢できずに離党し、与党入りする者も出ました。節操なき離合集散を苦々しい思いで見てましたよ。

勉強になったこともあったね。官僚の本質が見えたこと。官僚の持つ冷酷さ、秘密主義、省益第一主義とかが分かった。政権復帰後、橋本行革や小泉改革に取り組んだのも、野党時代の経験があったからですよ。

何より大きかったのは、みんなが「これは絶対に与党に戻らなきゃダメだ」と思ったことじゃないかな。その思いが社会党の村山（富市委員長）さんを担ぐというウルトラCにつながったんでしょうね。僕はかかわっていないから、よう知らんのですわ。本当は、首相指名選挙で「村山」と書きたくなかったね。

《六月、羽田内閣総辞職を受けて、自民、社会、新党さきがけ三党は村山委員長、連立与党側は海部俊樹・元首相を擁立して、首相指名選挙に突入した。自民党から造反者が出たものの、村山内閣が誕生した》

この時期、僕は自民党改革を断行する党改革実行本部の本部長をやりました。福田（赳夫・元首相）さんの時にも実施しましたけど、派閥解消が改革の柱でした。衆院の選挙制度が小選挙区制に変わるので、派閥解消もあわせてやろうということでしたね。九四年中に派閥事務所の閉鎖を各派領袖を回って説得したね。解消で合意したけど、一年ほどで復活してしまった。

大変だったのは、九五年一月の阪神・淡路大震災です。僕はあの日、兵庫県の有馬温泉におって、直撃されたんです。ものすごい揺れだったね。天井の電灯は落ちる。ふすまが舞い上がる。テレビが横に飛ぶんですから。僕は座敷机の下にもぐり込んだよ。建物は倒れんかったけど、窓ガラスが全部割れて。怖かったね。

余震が続く中、車で伊丹空港に出て、その日に上京して党の会議に出た。みんな、「塩川、よう帰ってこれたな」とビックリしとった。社会党で分裂騒ぎが起こっとったけど、大震災で「自社さ連立」がしっかりした。結束して復興に取り組む必要があったからね。

《九六年一月、村山首相は突然、退陣表明する》

小選挙区まさかの落選

《一九九五年（平成七年）九月の自民党総裁選で、橋本龍太郎通産相と小泉純一郎・元郵政相が争い、橋本総裁が誕生。塩川氏は総務会長となった。九六年一月、村山内閣に代わって、橋本内閣が発足した》

総務会長の僕は四月に、自民党訪中団の団長として、江沢民国家主席と会談したんですわ。これは結構激しいやり取りでしたよ。予定時間をオーバーして一時間二〇分に及びました。

僕が「中国の核実験や最近の台湾海峡でのミサイル演習を見ると、中国は経済大国になると同時に軍事大国になると、強く懸念している」と述べました。江主席はこう反論しました。

「私は日本軍国主義が中国を占領していた時代に占領地域にいたが、その歳月は忘れられない。歴史を正しく認識すべきだ」「我々が核兵器を保有するのは自衛のためだ」「経済が発展しても決して他国の脅威とはならない」

僕がさらに、「もし核の脅威が米国からなら、米国と徹底的に話し合うべきだ」と言うと、江主席は「核の問題で日本は米国に対する態度と中国に対する態度を同じにすべきだ」と。

江主席は、もう席を立って大きな声で話すんです。自ら「少し興奮してしゃべってしまい、申し訳ない」と言ったほどでした。私も「瞬間湯沸かし器」と言われるほど気が短いから、ちょっと言い過ぎたところがありましたがね。

江主席が「日本から、こんなことを言う政治家は来たことがない」と怒っとったけど、「はいはい」と物わかりのいいことばかり言ってたんでは本当の友好関係は築けないですよ。

《橋本首相は九六年九月に衆院を解散、一〇月に小選挙区比例代表並立制による初めての総選挙が行われた》

僕は宮沢政権の時、政治改革の責任者で選挙制度改革に取り組みました。でも、小選挙区で落選しても比例代表で復活当選できる重複立候補というのは反対だった。ですから、僕は重複立候補せず、小選挙区単独で立候補したんです。ところが、皆、「塩川は大丈夫やろう」と手を抜きよった。総務会長の僕は全国遊説で選挙区に帰ってなかった。そこにすき間ができたんですね。まさかの落選ですわ。

当時、七五歳。もう年取ってるし、これで政治やめようか、と思ったんです。家内の鈴子も「あんたとしては、功成り名を遂げたやないの。四回も大臣やって、もう、いいんじゃないの」と言ってくれたんです。

実は、家内は、政治家になるのに反対だった。三〇年前の衆院選初出馬を決める際には、離婚騒動にまでなったんです。「離婚させてもらう」と言って家を出てしまった。子どもがいましたから帰ってもらえましたが、その代わりに条件を出してきました。「後援会活動には絶対に引っ張り出さない」って。でも当選を重ねるうちに、やむを得ず後援会活動もやってくれました。だから引退を喜んでいましたよ。「余生を二人で楽しみたい」と願っていたと思います。

「どぶ板」で復活、財務相に

一九九六年（平成八年）一〇月の衆院選で落選した後は、東洋大学理事長などの仕事に専念しようかと思っていたんです。ところが、翌九七年四月、加藤紘一幹事長から「塩川さん、立候補してくれんか」という話があったんです。大阪の経済人が橋本龍太郎首相らに「大阪のために塩川が必要だ。もう一度出してくれ」と要望していたんですね。総裁、幹事長からの立候補要請。引退を喜んでいた家内の鈴子に話すと、「しょうがないな。あんたかて、負けたままではな」と言ってくれました。後援会も「やろう」となった。それからは選挙区回り必死でした。どぶ板選挙ですわ。おかげで、二〇〇〇年六月の衆院選で復活できました。一一回目の当選でした。

《塩川氏の落選中に、内閣は橋本―小渕―森と代わった。福田赳夫首相以来の福田派系であ

る森首相は〇一年四月に退陣表明。総裁選に小泉純一郎氏が三回目の立候補》

僕は小泉陣営の選対本部長を務めたんですが、まさか勝つとは思わんかった。当初は、派内に立候補に反対があった。再挑戦の橋本元首相が優勢と見られていたんで、勝ち馬に乗れというわけですわ。で、「負けてもいいから、やらせたらいいじゃないか。どうせ、非主流派だったんだから」と根回ししました。

総裁選が始まると、地方の一般党員では、すごい小泉人気でしたな。「自民党をぶっ壊す」が効いたね。

《党員などが参加した予備選の結果は、小泉氏一二三票、橋本氏一五票、亀井静香政調会長三票、麻生太郎経済財政相ゼロと、小泉氏の圧勝となった》

予備選で勝っても国会議員を加えた本選挙で逆転ということもありうる。そこで亀井氏らに会って、「待遇を考えるから本選挙を降りてくれ」と頼んだ。亀井氏グループも小泉に投票して本選挙でも圧勝した。ところが、小泉が亀井氏を処遇しないんですよ。僕も亀井氏グループの貢献を言ったんですがね。四月二四日の本選挙の翌日、亀井氏らと会って頭を下げましたよ。

小泉は「人事は誰にも相談しない」と、脱派閥・一本釣り人事を断行しました。僕は「実力で勝ったんだから、（派閥会長や党幹部は）相手にせんでいい」と言ったんですよ。以後、小泉は一人で人事を決めたね。この小泉流が派閥から人事推薦権を奪ってしまったね。

七九歳の僕に役職くれるわけないやろと思って、僕は二五日に大阪に帰りました。そしたら、小泉から「明日の国会での首相指名選挙前に、昼飯食べよう」と連絡があったんです。

二六日昼に総裁室でライスカレー食べながら、「財務大臣やってよ」と言われたんですわ。私は「英語一切できんから、国際会議が多い財務大臣は勘弁してくれ」と。そしたら、「すごい優秀な通訳付けるから心配いらん」「早く決めんと。明日からだから」って言う。

何と、翌日にワシントンで開かれる先進七か国財務相・中央銀行総裁会議（G７）に出発しなきゃならんと言うんですわ。

「小泉構造改革」の重し役

《小泉内閣は二〇〇一年（平成一三年）四月二六日に発足した》

内閣では、私が最年長の七九歳。小泉から見れば、気心は知れてるし、考えも近い。改革断行内閣の重し役としてやってくれと言うことだったんでしょうな。

財務相としての初仕事はワシントンでの先進七か国財務相・中央銀行総裁会議（G7）だったんですが、同行した速水優日銀総裁の進退問題があったんです。

日銀総裁代えろ、という話が森内閣の時からあったんですね。ちょうど辞意報道もあって、飛行機の中で速水さんから話があった。ワシントンから福田康夫官房長官に電話で聞いたんですよ。森内閣から続投して事情知ってるから。福田は「あの人の金融政策がはっきりしない。この際、年齢（七六歳）のこともあるから交代したら、という程度のことです」と言うんです。

僕は、速水さんに「もう少しきちっと、政府と連絡取ってやらないとダメやないか。あんた、やる気あるのか、辞めてもええのか」と聞いたんです。そしたら、「やりたい」と。「じゃあ、頑張りなさいよ」となった。帰国して小泉に言ったら、「それで結構です」となって、〇三年三月まで任期を全うすることになったんです。

《速水総裁は一か月後の記者会見で、進退問題について「私は（数え年で）喜寿を迎え、年をとっているが、今度大臣になられた塩川さんは私より三つ年上でも元気でしっかりしておられる。ああいう方を見ていると、まだまだやれるという気がする」と述べた》

金融の話で言えば、当時は金融機関の不良債権処理が最大の課題でした。しかし、竹中平蔵経済財政相と柳沢伯夫金融相が対立しておった。竹中は不良債権処理をできるだけ速くやらないといけないと主張。柳沢は「現実的に」との考え。何遍も議論があった。僕もG7なんかで、「日本は不良債権処理を急げ」と言われておった。それで、「急がないといかん。二年ぐらいで処理すると言わんと、総理も納得しない」と言ったんだけど、柳沢は「出来ないことを言われても無理だ」とかたくなだったね。それで、「それやったら君、辞めなきゃならんぞ」と言ったんですよ。小泉は内心は辞めさせるしかないと思っとった。

《小泉首相は〇二年九月の内閣改造で、公的資金を積極的に活用して不良債権処理を加速するため、柳沢氏を事実上更迭し、竹中氏に金融相を兼務させた》

お金の話を続けると、二〇年ぶりに紙幣を刷新したんですわ。その時、僕が「女の人を出してみてはどうか」と言ったんです。男女共同参画の時代ですからね。それで、五千円札に、明治の作家、樋口一葉となったんですよ。女性が紙幣に登場するのは、戦後では初めてでしたね。千円札は細菌学者の野口英世にしました。

実は、最初に持ってきた樋口一葉の版が悲しい顔なんですよ。苦労して二四歳の若さで亡くなったからかな。それで、「これではダメだ」と言って、ちょっと変えて明るい顔に作り直させたんです。

引退!! 燃え尽きて

財務相になって、「塩爺《しおじい》」とか「癒やし系」とか言われて、不思議でしたね。すぐカッとなるので、「瞬間湯沸かし器」って言われてましたから。落選して丸くなったんですかね。でも、「三位一体改革」では、片山虎之助総務相と、どなりあいの激論をやりましたよ。

《国庫補助金の削減、地方交付税の見直し、地方への税源移譲の「三位一体改革」は二〇〇二年（平成一四年）八月から経済財政諮問会議で本格論議され、塩川・片山論争と呼ばれた》

僕は片山さんに地方交付税を見直せと迫った。片山さんは国税から地方に税金を移せと。片山さんは財務省が移譲すると思ってないので、「できない話をするな」と。僕は「やってもいいんだ」と。財務省は反対でしたよ。ある幹部は「大化の改新以来、国の税を削って地方に回した歴史はない」と大げさなことを言いよった。僕は「政治が決める」と、やらせました。

怒り心頭に発したのは無駄遣いの温床、特別会計ですよ。僕は財務相の時、主計局に予算執行調査係（現在は予算執行調査室）を作って各省の予算執行を事後チェックさせたんです。担当者が「特別会計はノーマークです」と言うんです。調べたら、一般会計と違って、いいかげんに使ってるし、チェックはずさんだし。驚いた。だから「母屋ではおかゆを食べて節約しておるのに、離れではすき焼き食っておる」と言ったんですわ。この発言をきっかけに特別会計改革が進みました。官僚と道路族議員の聖域だった道路特定財源の一般財源化もそうですよ。

《塩川氏は〇三年九月に財務相を退任、一一月の衆院選に立候補せずに引退した》

もうすぐ八二歳だし、体が持たなかった。九月初めに胆石の手術をしたんです。それで、内閣改造前に小泉に辞めさせてくれと言って、記者会見で退任を言っちゃった。やはり、外遊がきつかったね。財務相二年半で、国際会議が二四回ですよ。やるだけのことはやった。私は引退表明の時に「（引退後の）ロスタイムを大事に使いたい」と言ったんですが、今も楽しんでます。ただ、家内の鈴子が〇二年に亡くなって、ゆっくりと旅行に連れて行けなかったことが残念でなりません。

《小泉首相は〇五年の郵政解散・総選挙で圧勝し、郵政民営化を実現。〇六年九月、五年半に及ぶ戦後三位の長期政権に幕を下ろした》

僕は小泉政権が誕生して最初の参院選（〇一年七月）の直前に、小泉にこう言ったんです。「総理、参院選は勝つよ。勝ったら次の衆院選も勝つ。そうすれば政権は五年はいけるよ」と。小泉は「五年で燃え尽きたいな」と言うておった。

小泉も燃え尽きたが、改革はまだ終わっていない。派閥政治は壊れたけれども、官僚主導の政治は残っとる。これを変えなきゃいかんね。

〈付記〉網掛け部分を除く第一章は「時代の証言者　自民党・塩川正十郎」として二〇〇八年十一月三日〜十二月九日に読売新聞に連載されたものであり、原文の著作権は読売新聞社にあります。

Ⅱ 断章

小泉構造改革とは何だったのか

小泉内閣の構造改革は道半ば。高度成長期の延長線から脱し、官民財に公共の精神を。

国の体質そのものを改める。決意を胸に、小泉内閣が発足

二〇〇一年（平成一三年）四月、小泉内閣が発足。意外な巡り合わせで財務大臣を拝命しました。ここでは小泉元首相の考え方と彼が本当にめざしていた国の姿について、回想してみたいと思います。

四月二六日、宮中で閣僚の認証式がありました。まず総理大臣の認証があって、その後、総理大臣から天皇陛下へ、全閣僚予定者の履歴書を提出することになります。これは、内閣が天皇陛下に対して「大臣を任命いたしますので、認証してください」という行事なんです。閣僚に任命される者は、肉筆で丁寧にしたためた履歴書を提出しなければなりません。したがって天皇陛下が各大臣の認証状に御名御璽されるまで、およそ二時間の間が必要になってきます。総理大臣は侍立しなければなりませんので、総理を交えて大臣予定者は宮中の一室で待機しております。そのおよそ二時間の間、新大臣候補が一堂に集まり、小泉内閣のスタートに際し、基本方針を自由闊達に議論しました。

まず小泉総理から、今まで数次の内閣はバブル崩壊後の失われた一〇年を解消するために努力してきたけれども、経済不況の回復が目立たない。この新内閣では、構造改革によって「官」主導から「民」主導へと、国の体質そのものを改善しなければ経済はよくならないのではないか。そのためには、各部門にわたる聖域なき構造改革をすべきであるとの提案がありました。

この小泉総理の発言を受けて、ある大臣候補から、「経済の指導原理を、ケインズでいくのか、フィッシャーでいくのか、シュンペーターでいくのか」という発言があり、観念的な論議がありました。小泉首相は、世界がグローバリゼイション化したので、ケインズ流の政策は不適切ではないか。例えば公共事業や福祉予算を増やしても、現在のような業界において競争しない価格決定では、財政支出に見合う経済活性効果が期待されず、かえって予算の効率配分が俎上に載せられる。したがってこの際、内閣の方向としては、シュンペーター流の創造的破壊を伴う改革をしなければならんのじゃないか、と言う。そのために、たとえば官営企業の見直しをする必要があるので、その一つとして郵政や道路公団の民営化があると、このとき明言したのです。

血の出るような思いを覚悟。国債の新規発行額を三〇兆円に

私はこの席で、財政を健全化しないと、グローバル化した世界において、日本経済はグローバルの荒波にもまれて孤立化し弱体化する。経済構造改革と同時に財政の健全化を図るため、国債の発行額を思い切って引き締めるべきだ。予算の無駄使いを改善する

ためには国債発行を制限することに速効性があるが、どのくらいの規模にするのか、と質問が出たので、「そうとう血の出るような思いをしなきゃならん。来年度発行予定を三四兆円位に見込んでいるが、分かり易く三〇兆円に新規発行を絞ることをしなければならんのじゃないか」と応答した。そりゃあ無理だ、という意見もありましたが、小泉総理と竹中経済担当大臣は、「いや、そのくらい思い切ることが必要だ」と同意。このとき、国債の発行額は三〇兆円と決まりました。他の議論として金融機関の不良債権問題や、企業の設備資金供給問題等、意見交換は活発で意欲的でありました。

経済は活況を取り戻したが、政権には、富の再分配をする時間がなく

翌二七日一一時、G7（財務大臣・中央銀行総裁会議）の定例会に出席するため、羽田からワシントンに向け出発しました。出発の時に小泉首相から電話があり、「今回のG7の会議では、新内閣の経済方針に大きい関心をもっているから、経済を活性化すると共に、財政再建のために相当厳しい構造改革を実行するということを宣言してくれ」と伝言がありました。ワシントン到着早々、オニール財務長官とFRBグリーンスパン総裁、リンゼー大統領経済補佐官等と会談、翌日のG7本会議冒頭に議長たるオニール氏から私を紹介すると共に、新内閣の性格と構造改革の方針を演説いたしました。

私は小泉政権の最初から関わっておる者として結論的に申し上げれば、任期が五年半（一期目森政権が残した二年半弱と、二期目が三年）というのがいかにも短期間であったことが残念であります。わが国の政治が政治家主導ではなく、官僚の手で行われている根本は、総理大臣の任期が余りにも短期間であるからであります。古今東西を問わず、政治主導で国情を変えることは革命で国柄を変えるか、さもなければ相当長年に渡る任期と強力なリーダーシップが必要だからです。

戦後の奇跡的復興を果たしたドイツのアデナウア、フランスのドゴール、英国病を快癒させたイギリスのサッチャー。これら指導者の業績を挙げるとすれば、思いつきではなく、計画的に政策を決定し、担当の官僚とも相談のうえ、舵取りを決めて時間をかけて実現していますし、その成果を確実に見届けている。したがって改革には反対があっても、それを納得させる相当の時間と、実行の成果を実現させて国民を納得させている。一つの政治改革の実績を見ると長時間の努力を要することがわかる。小泉改革の五年五か月はいかにも短かったように思います。

小泉さんの発想としては、「とりあえず日本は失われた一〇年から立ち上がらなければならない。それがためには、経済の活性化が必須条件であり、その成果として生まれてくる付加価値は、政治によって再分配しなければならない」との長期の計画をもっていました。

したがって任期の前半では、民間の自由な活動を制約している「規制」や「指導」から解放して、創造的な活動を保障すること。および官が占めている不効率な事業を民間に委託することにより、経済効果が大きいものを開放する。これが彼のいうところの創造的破壊を伴う構造改革であります。

他の国の経済改革と比べてみると——。中国の鄧小平氏が総書記として政権を担当した直後、天安門事件が発生し、その解決策たる民主化と経済繁栄を立案するため南方視察をしました。イデオロギー主義で経済を統制し、自由な経済活動を抑圧している実情を反省、南方講話として政策の転換、即ち構造改革の原則を発表しました。国が儲けるためには白い猫でも、黒い猫でもいい。まず、国が豊かになる必要があると宣言し、その実験として中国沿岸部の南方地域をフリーゾーンにしました。これが今日の中国経済の活況の基因であります。もちろんその影響として貧富の差は拡大し、社会不満も拡張しました。これを解消する充分な措置がなされていません。

中国の改革から、小泉さんの言っている経済開放の発想は国が豊かになることを先行させるべきである。企業の三つの無駄（企業の過剰な借入金、次代のニーズから遅れた過剰設備、過剰雇用）の解消や経済規制を緩和して、自由活動と創造的企業の奨励等にあります。これはある程度成功し、失われた一〇年から立ち直り、一時、経済的活況の状態をつくった。しかし国が豊かになっても、この段階では企業が活気付き財務が豊かになったことにしかならないのであって、この富を再分配、すなわち社会保障や雇用の充実等に浸透せしめる時間が小泉には与えられてなかった。これは彼自身が非常に残念に思っているでしょうし、私も痛恨に思っている次第です。

構造改革の手順は、「経済の活性化」「公務員改革」「社会保障」

その分配過程というのが彼の考える「第二期的改革」に当たり、社会保障、いわゆるセーフティネットの充実や、地球温暖化対策など環境保全に投資をする。その投資は決して負の投資ではなく、将来の発展に連繋する積極的な開発につながるものと心得ていた。それをやるために、まず彼は行政改革に手を付け、その中心理念として官から民へ、例えば、公社公団等の権限と運営等の移管を行った。さらに官営の子会社的な独立行政法人を創設して、将来民間への移管コースをつくったんですね。

では「第三期的改革」はというと、中央集権から地方分権、及び公務員の身分保証とあり方、定年制と役人の天下り規制等公務員改革を心得ていました。

「第一期的改革」は、経済の活性化をするための規制緩和です。第二期は官から民へ、第三期は統治システムの改革であります。

こういう段取りで彼は考えていたので、任期の五年半では時間が足りず、もう五年政権を担当させたら、日本の戦後六〇年の惰性から脱却して、政治、経済は大きく改善され、国際社会に通用するいわゆる普通の国に変り、将来に安定した基盤を作ったと信じます。

彼の政治実績を評価して、もう一度政権を担当させては如何かとの声も挙がっている。

国民的人気がある要因を模索すると、彼の政治は説明不足の誹りを受けることもあるが、わかりやすい。政策で何を狙っているかという、目的と趣旨が単純で理解しやすい。一般国民からは評価されているが、既存の利権に関係している人や改革で自己のプレゼンスが希薄になる人、行政と癒着してきた人らは、改革そのことに反対しているので、ある国民の政治評価をみると保守的な人ほど、小泉を嫌悪している。

小泉政治の努力に拘わらず、いまひとつ成果が明確に出てこないということは、民の力をもっと積極的に改革の中に入れるべきであったが、改革の執行に党の族議員と官僚の抵抗が意外に強かったので、即効的な効果が出なかった。したがって改革の趣旨と現実の結果とが相違するということも多々あります。

その一つが道路公団の民営化問題や地方行政の三位一体改革、道路特定財源の一般財源化、政府関係金融機関の整理統合等でありますが、これがかなり不徹底な形になっている。これ等の重要政策の改革のためには、ある程度、官民の関係を妥協せざるをえなかったのではないか、と思います。

「毀誉褒貶は歴史に任せる」。この決意が聖域なき改革につながった

小泉総理は就任早々、靖国神社に参拝もしました。これを巡っては、あまりにも関係国や日本の一部論客が、過大、意識的に取り上げたことは非常に残念に思います。このような問題は、個人の感情問題であるとは思うが、総理大臣として反対論に対する自分の意志を充分に表明することも必要だったと思います。この結果、小泉の外交実績が偏向的になったことは事実ではあるが、日米関係を基軸にした経済外交は成功していると思います。

彼の政治に影響を与えた人物の一人に、ブッシュ大統領があると思います。二〇〇一年九月一一日、ニューヨーク貿易センタービルにおける同時多発テロ行為を受けた大統領は、「これは戦争になる」といち早く言明しました。そのショックが小泉を強く印象づけたのではないか。それを思うに、自衛隊の海外派遣などについて彼は、日本が普通の国家への位置付けを強く意識して、積極的にこれに取り組んだこと。これまた、国内の十分な賛同を得られないままで、小泉としては不本意なことであったであろうと思う。

ブッシュとの関係を大切にしたのは単に日米関係ということだけではなく、大統領は正義感が強いところがあるので、テロ行為に対して許し得ないという政治責任を持っていた。それが行動となってアフガニスタン派兵や、イラク戦争になったことに、小泉はアメリカに対して国の外交を超越した正義感を共有して、米国の対外活動を支援しようとしたのではないか、と私は思っています。

北朝鮮を訪問し、拉致問題についてその解決と国交の回復について、大きな捨て石を投げたことは評価できる。こんな好機会を北朝鮮はもっと真剣に受け止めて、実際的な行動に踏み切るべきであった。小泉が投げたブイを無惨に捨てた判断に大きく失望していきます。これはやはり彼のような度胸もあり直截的な性格の政治家でなければ不可能なことだと思う。

総理大臣に就任した過去の人々を見ると、なぜか総理になると、政治的発想を封印して官僚的になり、事なかれ主義になるので、政策が妥協して中和してしまい、個性が出てこない。私の政治経験からみるに、過去の総理は、退任した後の自己の存在価値と、自分を取り巻く環境の変化に気を配りすぎ、官僚ともうまく、政党ともうまく、野党から恨まれないようにと考えるから、政策に個性とエネルギーが出されてこないのかもしれない。

その点小泉は、就任当初から「俺は、任期いっぱいやりきる。毀誉褒貶は歴史に任す。気にしないでバリバリやる」と。これが聖域なき構造改革につながったんでしょう。

公共の精神に目覚めることで、日本の次代は始まる

国民は戦後六〇年経過して現状をみるとき、いままでの単純な延長線で現在程度の繁栄を持続することが至難であることを察知しています。しからば、グローバリゼイション下でいかに我々は対応していくべきか、その対応のために如何に国のあり方を改めなければならぬか、国民は関心が薄いのであります。依然として、高度経済成長での成功例に酔って、その延長線上を望むことが多い。すなわちその当時に築いた権益や利権と、自己の実績というものを、これを保持したいという保守的意欲が強く、改革をすることを悪とする。したがって、小泉の改革は理想であり現実を破壊する、と評価が低くなっ

ていると感じます。

いずれ近いうちに、日本は開明的な改革をせざるをえない時がくるであろう。その時、いちばん大切なことは、公共の精神の復興であり、国民を統合するアイデンティティの確立が、必要でないかと思う。

Ⅲ 提言

1 関西空港のこれから

物流や整備、アミューズメント施設の強化など。「やってみなはれ」の根性で関空は生まれ変わる

私は二〇〇九年（平成二一年）二月一四日、関西空港土地造成会社のチャーター機（ヘリコプター）で、大阪から神戸にかけての上空を一時間飛行しました。ヘリの操縦の方が上手にやってくれまして、時間は少なかったけれど充分に見学させていただきました。まず第一に感じたことは、大阪には土地が無くなったなあということ。びっしり詰まっているという感じがありました。大阪経済が頭打ちしている原因のひとつだという感じ

がしました。

空港に関して言うと、八尾空港は小さいながら活用されている。けれど、関西空港は貫禄が断然違う。空港らしい空港はやっぱり関空だなあ。特に神戸空港は航空機の止まり木、臨時避難用の止まり木やね。怒るかわからんけど、そう感じました。また大阪空港、あれは限度一杯で無理できないなあという感じですね。土地の狭さといい、周辺の過密化している状態といい、空港としては限度がきている。したがって公害等の周辺対策に莫大な対策費がかかり不当競争ですわ。その点関空は、二期工事が終わって余裕がありすぎる。これを活用しないともったいないじゃないかと思った次第です。

一　関空生みの親——運輸大臣として

私は、運輸大臣、財務大臣と二度に渡って、関空の歴史の中で非常に大きな役割を果たしました。一九八〇年（昭和五五年）の運輸大臣のときに事業をスタート。財務大臣のときには二期事業の今日を築いたわけであります。先日、『文藝春秋』に「四面楚歌の中、決断し、成し遂げる。政治家にとって、未来を見通し、必要な政策実現のために弛まぬ努力を続けることがいかに大切か。それを教えてくれたのが関空プロジェクトだった」と書きました。

■運輸大臣就任は「関空や」という閃き

私が運輸大臣になりましたときに、運輸とは全然関係ないのになぜ運輸大臣だろうと、私はまず不思議でした。そこでパッと閃いたのは、永年の関西空港の問題かなということでした。大臣就任時、首相官邸でまず記者会見をしますが、運輸省が書いてくれたペーパーでは五項目しかなかったんですが、もう一つ私の大事な仕事があると、最後に「関空を発足さすことです」と言ったんですな。記者席は意外な発言で混乱し、役所の中も大わらわでした。それが原因で記者会見が深夜一時まで続き、翌日の朝刊では新聞が「思いつきでそんなこと言うたら大変やで」と面白い記事で皮肉りおった。

その当時、大阪府会始め、周辺の市では反対決議をしており、大阪府も共産党知事の指示で先頭に立って反対をしていました。

そして東京側に至っては、一九七八年（昭和五三年）にやっと成田空港が開港し二年も経っていないのに、また今度は関西空港、冗談を言うなと反対しました。そこで私は言ったんです。「万博やった時に、そのときの話はどうでしたか」と。日本に国際空港はないやないかという話でした。「やっと成田が開いたけどね、成田だけでは足らんということを、みんな知っているじゃないですか」と。なんで関西はいけないのか。これに対し東京側は、地元大阪も反対しているという理屈で抗弁してきました。それでも私がやらなければ、「関西に国際空港は建設されず、大阪は地盤沈下する」と必死になりました。

■公害問題は心配するな

そんな時に関西電力の芦原さんと関経連会長の日向さんから同じように電話がありまして、「塩川さん、えらい新聞でも騒いでいるけど、本当に関空のことを言ったのですか」と。「本当です。本気ですよ」「わかった。私達は応援する」と言ってくれました。

まず芦原さんが私の大臣室にきてくれまして「塩川さん、本気でしたら私が助けます。

ついては日向さんに相談しなさい」と。というのは、その前年までは芦原さんが関経連の会長で、日向さんに代わったところでありました。平素は芦原さんと日向さんは余り仲が良くないので、私は皮肉った。「このことはひとつ、仲良く協力して下さい」と言うたら、ゲラゲラ笑ってました。それで私は日向さんのところに行きました。日向さんは「結構、結構。そういう者がおってくれんと大阪は駄目になる」と激励してくれました。

まず困ったのは、公害反対など反対運動と、どのように向き合うかでした。騒音公害、水質汚濁。これらのことを自民党の政調会から言ってきたんです。「成田では公害問題で騒動になっているが、もし関西空港も公害で反対運動が起こったら中止せよ」との申し入れがあった。そこで私は関西学術研究都市を構想されて、調査会の発起人をされた元京都大学総長の奥田東先生を訪ね、お力添えをお願いしました。奥田先生と会議が終わったあとで、「先生、関西空港するのに助けてくださいよ」とお願いしました。「政治生命掛けてするんでしたら、私も助けたるから公害問題は心配するな。その代わりに宣伝広報費が必要だから用意せよ」と注意された。それを関西財界にお願いしようと思い、さっそく芦原さんと日向さんを訪ねました。さらにその運動の窓口を関西空港調査室にしようと思いつきました。

■全体構想を公約する「三点セット」

最初に奥田先生がやられたのは、「外国の空港の公害対策や空港の機能等がどうだっていうことを見てもらおう」と言うので、第一次公害調査団が発足したのです。たとえばシンガポールのチャンギ空港やオランダのスチポール空港などを見学し勉強してもらった。いろんなものを見てきて、だいたい国際空港がわかってきたんです。そこで学者の中で研究会みたいなものをつくって、第二次派遣、第三次派遣というのをやったんです。それで環境学者の方から意見書をまとめるということになってきた。その意見書を取り入れ、大体のところでまとめて公表し、空港の全体構想を公約するのが「三点セット」ということなんです。奥田先生がおられたから、空港の公害問題が全然議論にならなかった。

これね、東京側はビックリしたんです。「真面目に、海上でしたら騒音公害はないというだけの話や。また水質は空港内部で処理したらよろしい」と言ってやりました。環境学者から申し出があり、騒音と水質を調査したいという。それで七四七型機を飛ばしたが試験飛行もＯＫとなった。騒音問題は片づき、その他で問題となったのは自民党政調会の方から「五キロと言ってるけど、三キロでいかんか」との申し入れがあり、これを奥田東先生に相談。「塩川君、それはあかんで」と。「それをやったらね、コンター（ここでは騒音曝露に関する等高線のこと）がね、天下茶屋のとこに引っかかってくる。これはね、必ず騒動になる。海上五キロでがんばれ、との厳しい申し出です。その代わり五キロと言うたら岸から岸まで五キロでなくとも、岸から島の中心まで五キロということもできる。その辺ファジーだったんですね。それで橋は「五キロ」となりました。

■反対している人に入ってもろたらええねん

この当時土工協（土木工業協会）が中心となって、この大規模工事をどのような仕組みで実施するのかが問題となってきました。環境問題は一応落ち着いたが、自民党の航空部会等の申し入れをうけて、大蔵省や航空局がとりあえず公共方式での着工を考えていたらしい。ところが港湾当局がその方式では高くつく。関西空港の建設関係者は全部港湾の技術屋がリードしたのです。公共方式反対、談合工事反対だった。その頃日本科学者同盟という共産党系の科学者の集まりがあったんです。そっちの方面で有名な人が多く、公共方式では無駄が多いことを理解してもらうのに苦労しましたが、奥田先生にお伺いしたら、「いや、反対している人に入ってもろたらええねん」と。「問題だという人に入ってもらって、どこが問題かを議論したら一番早いやないか」と、言われるんです。奥田先生は奥が深いですね。お金も使いましたけど、最後はそれを全部公開しました。

■和歌山は「土とるだけではあきまへんで」

すなわち、①工事内容②環境影響評価及び③地域経済に及ぼす効果の三点セットを公開するということ、五キロ離れることを空港建設の基本方針として公約にして推進しました。三点セットなんて、当初構想はなかったんです。この決定発表は大きな効果があって、これが契機となって関係市町村の反対決議が崩れていきました。大阪府の岸知事もこれを推進するという立場に立ってましたんでね、まあ素直に受け取ってくれたんです。そのとき和歌山だけがですね、「うちは扇風機の裏側になるのは嫌でっせ」と言うてきた。地域効果に条件をつけた兵庫県は理解したが、神戸市は消極的反対でした。神戸はなお神戸港沖合埋め立てに固執していました。三県の知事と大阪、神戸の市長はこの三点セットを一九八二年(昭和五七年)三月までに提出せよと条件をつけてきた。とても性急な要求であったが、私は承諾書を入れて関係職員に頑張るようお願いした。それでもなお和歌山は強い要求で、「土とるだけではあきまへんで」とやかましく言うた。ところがあのとき、和歌山の県会議長がいまして。この人は自民党の人ですが、これが色々助けてくれたんです。

■経企庁長官と大蔵大臣からの強烈な反対

地域との交渉がまとまりましたので、一九八〇年(昭和五五年)一二月二二日、予算の原案が政府で承認されたんですね。新年度予算書に関西空港調査費という看板が一応立ったんです。政府関係当局では一般調査費の中に関西空港調査費を入れようかとしたんですね。しかし独立した特別調査費として計上されましたので、これによって政府は関空も建設する意志を明確にしたことになりました。閣議決定のときは経企庁長官と大蔵大臣から強烈な抵抗がありました。

一方、役所の中も一致していなかった。たとえば主計局次長の西垣さんが味方して下さった。彼は神戸一中出身で、神戸の山手に住んでるでしょ。彼は、神戸はやっぱり港、神戸だと。神戸空港を作ってハーバーランドと並立すれば、港の神戸が潰れてしまうという議論をしてたんですよ。ですから彼は大分あっちこっち叩かれましたけど、終始支援してくれました。それから公共事業担当の主計官が保田さん（元事務次官）でした。この人は私が一九七七～七八年（昭和五二～五三年）に官房副長官をしていたとき、総理大臣秘書官をしていましたので、同じ職場で仕事した仲間ですから大いに助けられました。

当時の渡辺美智雄大蔵大臣は大反対であったのですが、西垣と保田と共同で「調査費は別立てにして特別調査費にすることを大臣に説得しよう」と頑張ってくれました。このバックに福田赳夫先生の圧力があったと後刻知って感謝しています。

閣議の席で、もう渡辺さんとか河本さんはなにも言わなかったんです。色んな大臣が「もう、原点に戻ってね、成田がこれだけ混乱しているのだから、関西空港をやるというのは我々反対じゃないよ、反対じゃないが何のためにやるのか、宮沢官房長官、わからんじゃないか」と、こんなふうな質問が出たんですね。宮沢官房長官も関空賛成でしたので、閣議後の懇談で私に説明の機会を与えてくれました。

■関空は物流のハブポートに

その席で私は、「成田は人間すなわち旅客の国際空港、人間の窓口です。今これだけ物流が拡大し交錯してきて頻繁になってきたら、物流専門の空港があってもいいじゃないか。だから関西は物流と加工センターにする」と説明し同感を得た。さらに関西空港は今すぐに、というのではない。将来絶対必要ですから、今から考慮する必要があるとの鈴木総理の発言があり決着したのです。最近、関西空港が新しく方向付けられる中で、関西空港の将来の有り様としては、アジアとか世界のゲートウェイとしての役割。そして、本格的な世界と結びつく貨物ハブ空港として成長してもらわなければならぬ。もう十年も経てば、その夢が完成しますよ。釜山が船のハブポートであるならば、空の物流のハブポートは関西空港だと位置づけるわけです。ただし私が当初から主張している物流のハブ空港にしようと思えば、着陸料を引き下げなければならない。そのためには国も無利息の金でも良いから、利息を肩代わりしてやる。これは国策の問題と繋がっているんです。

■東京は関空を鬼っ子扱い

ところが、東京の政界や官界では、関西空港を鬼っ子扱いするんです。それはなぜかというと、原点は成田空港とのバランスであり、また関空は民営ということで公共事業方式でやらなかったことに基因しています。関空の土地造成は技術重点中心で随意契約方式だった。だからいわゆる「談合」ができないんです。ですから経済界、特にゼネコンや自民党は、やっぱり公共事業方式でないとダメなんですね。それが発注問題にも絡んで、関空は鬼っ子みたいな扱いにされた。民間の経済活動では株を民間から集めるんだから、工事の仕事や発注は民間会社として自主権があるのは理解できるが、この会社は特殊だから公共事業やないかという考えなんですね。ところが、会社の社長たる竹内良夫さんと前田進さんが聞かなかった。公共事業方式でやると、ものすごく高くついてしまう。それと同時に「専門でない人等が仕事したらね、責任もてません」と、こう言った。「我々は技術査定をして、我々の技術どおりやる業者を指定していく」と、これは竹内さんの信念ですからね。私もそれはそうだなと思って、がんばったんですがね。

自民党にはそれに対するものすごい抵抗があった。それである党幹部が中に入りまして仲裁に入ってくれ、技術屋も納得したので、五キロ橋だけは公共方式でやったんです。その時も「これやったら高くつく」とやかましく言ってました。しかしそれでもいいから、妥協しなければ仕方がないと。で、橋は公共事業方式になっているんです。そういういきさつはありました。ただし島づくり、埋立て工事等、また海の工事等はすべて会社が入札し、厳しい技術審査を受けていました。技術審査型公開入札方式ですね。嫌みを言えば、この方式が一般ゼネコン等から国の予算獲得時に抵抗勢力となりました。今でも私は言うんですが、国の空港に関する公害対策費や周辺対策についての財政援助を、成田空港の拡張につっこむだけの比率でもって関西空港を見てくれたら、関西空港だってもっと楽にいけるんじゃないかと頑張っています。しかしながら、官と党は「お前らはじめから民間で行くと言ったやないか」と。こういうところに戻ってくるんですね。

二　関空二期事業　財務大臣として

■一四〇〇億円を節約、総工費は一兆円以下に

財務大臣の在職中に、第二期の拡張工事をどう進めるかという問題で、当初、すなわち二〇〇一年（平成一三年）頃のスキームでは、二期工事費が約一兆五六〇〇億円だった。これを一兆円以下に引き下げて、その代わり補助率の高いものや無利子対象のものは全部獲得しようとした。この案には財務省も協力してくれました。その結果、第二滑走路の一部を埋め立てず空間にしてあります。この智慧は香川主計官が苦肉の策として私に提案し、ＯＫを出した次第です。この空間の工事費の切り詰めなど、一四〇〇億の節約で第二滑走路はできた。第二期工事計画の究極の問題点は予算であって、どの程度削るかが攻防でした。第二滑走路の一部埋立て中止こそ、予算上の最大有効な措置であった。

したがってそれを五年以内に埋めるとか言っていましたが、問題にしていない。会社に余裕が出来たらやったらよい。そういうことで公共事業が予定の年にオープンしたのは珍しいんです。一応、予定の金額を超えずにね。珍しいと思うんですよ。我々責任ある地位の者が頑張ったので、工事関係者も一生懸命になってくれたと感謝しています。最近も(平成二一年度)事業費三五億円が認められたのも、香川俊介氏の努力であります。

■伊丹空港と頂戴の精神

次に伊丹空港との関係ですが、関西空港の原点として伊丹空港の大きな騒音問題、それから、先程空から見たように、過密な住宅地域の中にあります。この状況は現在も変わってないんですが、エアラインは関空からそれぞれの路線を減便するが、伊丹は便利だということで増便する。そういう訳で、実は橋下大阪府知事が伊丹廃止論を出して、一時大騒ぎになったんです。今のところは、ちょっと沈静化してますけれどもね。結局二十数年前の歴史で起こったことと、似たような状況が現在あるように思うんです。そもそも伊丹の周辺の自治体、十一市協議会では、伊丹空港があることが自分たちの地域の発展のために必要なことは、ようわかっている。だから今でも残してくれでしょ、本心は。タカリの精神ですよ。ただ公害だと言うことによって、「おこぼれを頂戴」ということなんですよ。頂戴の精神なんです。地域の発展とか地域の密着とか、そういう考え方がない。それじゃあ「もう廃止しますよ」と言ったらね、「残せ、残せ」でしょ、今。残してもええから、その代わり公害対策で使っている費用を大幅に削減するよと。代替策を提案しないで、前例に従って、というのが役人の責任回避ですからね。やっと最近、削減していますね。伊丹空港と板付飛行場に使っている周辺対策費というのは、どっちもものすごく高いんですよね。ところが博多と伊丹とは性質が違うんです。博多の方は周辺整備、確かに立ち退きとかが必要なんです。伊丹は公害対策だというのです。けれども飛行場ができてから、あの町が出来たんですからね。承知の上で来てるのに、公害対策だと言うんやから、話が全然違う。ところが博多の方は住んでいる人に退いてくれという費用なんですからね。全然性格が違う。やっぱり必要なのが、航空行政としての毅然たる態度ですかね。だからあんまりコトを荒立てないでよということで、現状維持になるんですね。

三　関空の今後に向けて

■有利子負債をどう減らすか

関西空港が抱えている問題はいくつかあるんですけど、一つは一兆一〇〇〇億の有利子負債ですね。たとえば空港の売り上げが一一〇〇億ちょっとなのに、利子の支払いが二〇〇億ほどあるというような、非常に苦しい経営をしているんですが、その利子をどういう形で減らすかというのが、今後の大きな課題ですね。閣議でも抜本的な対策をするとなって、航空局でも取り組もうとしているんですけれど、なかなか難しい。成田空港の上場益を投入するというような話もあったんですが、成田空港の上場や株の売却そのものがそんなに急いでやれないというようなことがありますし。

■関空から地方空港へ枝を伸ばす

それから、やっぱり関西空港が国内の各空港と今結ばれていない。伊丹空港と各地の空港は結ばれているけれども。ネットワークの中心が伊丹にあり、全国各地の人が関西から国際線に乗ろうとしたら伊丹に来まして、バスで関空に来る。そんないびつさがあったりで、なかなか関空の旅客数が伸び悩んでいるということがあるんです。たしかに旅客のハブ空港としては重要視されておらず、関西空港の本来的な使命というのは物流対策にあるので、この方面での特長づけが必要なのです。

■貨物空港としての機能を高める

実は関西空港を利用しているフォワダー（貨物利用運送事業者）の人たちと私は話したことがあるんです。フォワダーの人たちが来ても、夜中作業できるだけの環境が整っていないというのが、ひとつありますね。

もう一つは通行料が高すぎる。つまり日本の物流の中心は、東海道の高速道路と山陽高速道路で、そこに出るまでがものすごく経費がかかる。他の空港はほとんど経費は要らないと。とくに岡山空港だったらアクセスがタダやというわけです。

また、もっと貨物を工作・加工しやすいようなセンターをつくるべきじゃないかと。

一九八〇年（昭和五五年）の一二月に閣議しました時に、三点セットのなかに周辺に流通加工団地をつくる、という条件が入っているんです。これが地元効果で、その時に大阪府もこれをやるということを言っといて、空港の建設が本格的に決定したら、流通機構というものがこれに附属した物としてできなかった。ここがこの空港の大欠陥になってしもうたんですね。そのシンボルタワーが一本立ちの中途半端なビルです。これだけは申訳でつくったんですね。しかし、後は事業も中止してしまった。ですから、地元の人も、後で利益をとろうといううんやなく、今利益を取ろうと思ってね。そりゃもう都心並みの地価にしてしまった。それでみんな手を引いてしまった。今、みにくい乱開発しか残ってないですよ。ですから自治体や住民の協力が全くなかったということが、一つなんですね。非常に悲しい空港だと私は思っています。

しかし、空港の機能としては、これは世界でも誇りうる二四時間で、災害もない空港だと。だから流通でもっと考え直すというのが、大切だと思いますね。

そして何度も申し上げますが、関西空港から地方空港へ、スポークのように枝を伸ばしていこうとする努力をせないかん。やればできると思うんです。

■整備工養成と整備拠点としての関空

それには現在のＪＡＬとＡＮＡの体制では無理だろうと思いますので、航空会社の新企業を評価したら良い。航空事業を民間に開放したらいいと思います。新しいエアラインをつくるとき、一番のビッグマターは整備なんです。整備能力はＪＡＬかＡＮＡの体制しかないんです。日本の周辺のＡＳＥＡＮ各国においても国際空港会社は、整備事業は全部ＡＮＡかＪＡＬに頼っている。ですから将来問題として、関空でそういう独自の整備工養成をやるというのは、一つの使命だと思います。とにかく、関西空港に飛んできたらちゃんとした整備をしてくれる。誰でも整備できるような仕組みです。ＡＮＡやＪＡＬの飛行機でなくても、外国の飛行機でも自家用機でもなんでもです。そういう養成所をつくったらどうでしょう。ＪＡＬやＡＮＡを退職した整備士がたくさんおりますから、こういう人は職もなくて年金生活しています。そういう人を教官として採用し、若い人を募集して教育していったらどうでしょう。一〇年経ったら立派な整備会社ができると思います。この関西空港の附属機関として、関西空港人材養成会社を創る。関空の歴代社長以下、みなさん一生懸命やってますよね。今は村山さんが就任されてから、よくなってきましたね。整備会社をつくるまでには行ってないんですけど、ベンチャー企業としてやったらどうですか。

■人間の趣味を生かした人間らしい空港に

さらに関空の問題点をあげるとすれば、貨物のハブ空港としてアクセスと夜作業を出来る環境を作る必要がある。すなわち待機待ちの時間をどんなサービスで提供出来るか、休養、娯楽、通信等の整備です。

アムステルダムやヒースロー、チャンギを見ても全部アミューズメント施設が付属しているでしょ。日本の役人は、それはいかんと考えている。つまり、「補助金であれ貸付金であれ、公金が少しでも入ったところに、アミューズメントや休養とはけしからん!」と。ですから、ここで魚釣りセンターひとつできないんです。関西空港は私が何遍言うても魚釣りなんてダメだ、ヨットハーバーもダメだと。こういうアミューズメントを考えない。人間扱いしない、物体だけしか考えないんだ、政府の仕事は。人間の趣味を生かすことが、人間らしい港、空港になるんですがね。

現在の関空では、ほんとに止まり木と物置だけですよ。これじゃ、人間が集まってこないんだなあ。ここでヨットハーバーつくって、例えば一〇〇〇ぐらいのヨットベースでしたら簡単につくれますよ。一人年間三〇万円使うとしたって、三億四億のお金が落ちてくるんです。周辺では飲み食いもします。整備する会社も要りますしね。橋の料金もまた下げられるじゃないですか。もっと活用することを考えないと。ここから魚釣り船を出したっていいじゃないですかね。別に飛行機の発着に支障をきたさないと思うんですけど。たまたま一期と二期の間が、二〇〇メーター離れているんです。その間にターミナルもつくろうとしているんですけども、この水面の長さが二キロ半ぐらいあるんです。ですから、なんぼ真ん中にそういう施設をつくっても、二〇〇メーターで二キロぐらいの水面は空くんですよね。今たまたま太陽電池で噴水なんかあげたりしている。おもちゃみたいなものですけれども。要するに人間が集まるような施設を作ることです。

チャンギ空港に行くと映画館が四つか五つあるんですね。それから、これはあまり感心しませんけれど、ストリップ劇場もある。温泉もあるし、一大歓楽地なんですね。なんでこんな施設をつくったのか。「うちはハブ空港やから、国際線や国内線の乗り継ぎで、最低二時間ということ。お客さんが二時間どうして過ごすかと、まあ風呂でも入ってもらおうかということで、風呂をつくった」のが、もともとの始まりやった。風呂つくったらマッサージ、床屋と、色んなものが出てきて、人が集まってきたんです。その間に映画も観てよかと。チャンギ空港に行ったらそうなんですよ。他の空港、ドバイなんかでも行ったらみなそうなんですね。

この関空は本当に殺風景だね、ホントなんにもない。こんなんではやっぱり人は来ないですよ。そこは民営だから努力してみられたらどうだろうと思う。まずパチンコ屋とスロットマシンぐらいつくったらどうですか、かつて一度四階で麻雀屋をつくったね。四階の端っこのところで。とにかくチャレンジ精神がなかったら、なんにもできない。「やってみなはれ」――大阪の言葉で「やってみなはれ」なんて、それが大事だな。

■食品加工センターを空港に作れないか

いろいろアイデアは出てきますが、一番の問題は流通加工センター。一〇年ほど前ですが、ブラジルから肉や穀物を冷凍で運んでくる。長い航路をですね。それをアジア、ＡＳＥＡＮで加工して売るような基地がないか、という話があったんです。関西空港だったら、その背後地でできるじゃないか、という発想をしたことがありましたね。大阪の肉とかね、魚、食品の加工センター、味も大阪は旨いやないですか。食品加工なんてのはそんなに大きいスペース要りませんからね。このへんで食品加工センター作ってくれへんかと頼んでみたらどうですか？　今、日本の食品がずいぶんと世界で愛されていますからね。

■国際会議場の併設、ＶＩＰの受け入れ

注目すべきは国際会議場の提供なんです。私はしばしば国際会議に出ますけどね、そこで二日、三日と滞在することはない、せいぜい一泊です。もちろん滞在もしないで、会議だけ出て帰ってしまうこともありますから、そういう意味において空港で会議を行うというのは非常に効率いいんですね。質の良い施設に、配慮の行き届いた会議場ですね。日本は食事が美味しいし、サービスも良好。国際会議等のマネージメントが上手だ

から成功します。現代の人は昔のビジネスマンと違って、即断即決なんですね。タイムイズマネーだから。そういう国際会議場の提供というのもありますね。

さらに考慮すべきことは、ＶＩＰの受け入れ空港になったらいいですね。私は神戸空港ができました時に、神戸市長さんが「この使い方で、一番重点をおくのは何がいいですか」と質問されたときに、「日本にはＶＩＰの専用空港がないんです。専用にやって、それにふさわしい一時休憩のできるホテルなんかつくったらどうですか。そこからヘリで各地へ飛ぶ」と話しました。「そりゃいいことですね」と市長さんはおっしゃったんですが、運輸省に相談したら「許可なりませんねん」と許可にならない。「それはね、やってしもうてから運輸省に相談せんとね。運輸省に相談したら、担当官は責任をかぶるのが嫌だからＮＯと言う」。関空でＶＩＰ機を受け入れたらどうでしょう。ヘリの駐機場もなんぼでもとれるじゃないですか。

いつでもいいからアイデアを実行してみることです。しかし現実には会社は必死に経営改善に努力しているが監督官庁がすべて抑圧してしまうので、アイデアはあっても実現しない。今こそ「やってみなはれ」の根性が必要です。

2 政治改革を訴える

官僚国家は、実は国民根性の投影。
民主主義国家としての自治・行政を

■民主主義は形だけのものか

わが国は明治、大正、昭和と軍に抑圧された時代から、大戦終了後、まったく異質の国家に変質しました。民主国家、自由主義社会と形式上はたしかに変質し、文明化したのだが、それは建前のことであって、国民の根性は封建時代の延長線にあるといえます。国民の意識には依然として「官に従順すれば得である」とか、「官に反抗し、あるいは、非難をすれば仕返しが来て損をする。したがってお役人に任せればよい」と観念しているところがある。いわゆる官尊民卑の政治風土が根付いているんですな。それが実態となって官僚国家が形成され、民主主義の先進国に比べて、高度な官僚主義国家となっているのです。

■政策も地方行政も中央官僚の絵に誘導される

優秀な官僚が行政を処理することは望ましいことであり、私もこれに賛意を表しているのだが、現実には政治の動機が官僚的発想だから、法律的、合理的判断が先行する規則国家になってしまっている。

わが国は議会制民主国家であるから、時の政権政党が発起し、行政執行担当官庁と協議して実施の要項を定め、法案や、指導要項を決定します。現在そのような形式がとられているから、民主国家ではあるが、実際は官庁から提出するペーパーによって、政策が議論されてしまっている。したがって行政はすべて官が管理監督しやすい方向に決定されてしまいます。

官僚は責任回避が本能的でありますから、規制が優先して誘導策は否定的であり、国民や民間機関の自主的活動の許容は制限されています。法や行政指導要項は国会で決定されるものであるが、国会提出以前に政権政党と協議をしてきた実績があるゆえ、国会審議も与党ペースで決定されます。いまの衆議院と参議院とで過半数が与野党ねじれ現象になっており、いつも在野の意見は反映されるとは言いがたいのが現状です。

さらに政治の発想及び企画等がスタートから官主導であり、許認可権や予算もすべて行政で執行する権限は各省庁にあるから、政治の行政に関与する場合は官の方針を尊重せざるを得なくなります。明治維新以来、非常に強い中央集権を維持してきた統治システムであり、中央の権限を実施するに機関変任事務や委託事務等の手法によって、地方自治体に執行せしめています。したがって地方自治体は、自治とはいえ完全な中央省庁の下受け機関に過ぎません。独創性を発揮することも不可能だし、地方の個性を実現した業務を行うことも困難になります。

■本音では分権を望んでいない地方

この統治システムを固定化しているのが、国と地方との財源であり、許認可権限の委任です。地方行政の在り方を巡り、最近盛んに地方分権だとか、道州制を導入することによって、行政の権限と財政基盤を自治体に大幅に移譲せしめようとする運動がなされていますが、一部の自治体（政令指定都市とか裕福な都府県）を除いて、大部分の県当局は反対なのです。

地方分権に関するアンケートを実施した際、首長は建前と本音を異にしていることが明らかになりました。つまり、中央省庁支配の体制を継続する方が、行政上の直接責任が回避出来ること。地方で努力せずとも財源が適当に地方に割り当てられているので、自治体が財源を探求する必要がなく、実効ある財源が保障されていることが理由です。中央を批判して、結果不測の不利益を受けることを考慮しての消極姿勢であると判断できます。

極端なまでの中央集権の現況を改革し、速やかに自治の精神にもとづく行政体制を確立すべきであります。現在の自治体は民主主義国家としての自治体ではありません。この改革は封建時代から幾年と続いたわが国の統治システムの改革となり、国家改造となるものなのです。

■消費者保護のため、評価監視行政の強化を

官尊民卑の悪弊で改革しなければならないことは、行政や公費支出に伴う事業の公式な評価体制、監督、検査機能の脆弱な現実を改造して、その能力を充当することです。「お上のことに文句を言っては損をする」「お上の仕事はわれわれ住民のために役立てるためのものだから、素直に受け入れよう」という封建的思想が根強いものがある。

それがため、たとえば地方自治体が政府直属の各種事業や業務の実施については強圧的で隷属せざるを得ず、効果等に対する評価検討の能力を極めて希薄にしています。中央省庁の権限行使の適否等についての監督も不十分です。これすなわち、官尊の習慣からくる制度容認なんですね。その旧弊の例として、最近の公正取引委員会の活動のように、談合摘発などを挙げるまでもなく、多くのチェック機関の活動は停滞しています。最近政府は食品安全局の機能強化に乗り出し、さらには消費者行政庁の新設を決定しま

した。これら一連のチェック機能の活動は、政府が国民から信用を得、行政実効を示すことに寄与するのみならず、費用と効果を見直し、それをアクションとして、政策と予算をより適正にする効果が大きいと考えます。

評価監視行政は、民主主義国家において、最も重要視しなければならぬ国家的役割であるにも拘わらず、その対応が遅滞しています。政治改革の一環として充実してほしい部門です。

■政策遂行には、行政実務との連携が不可欠

政治問題について、その改革を議論するにあたり、多岐にわたる角度からするものであるが、その一端として公務員のあり方について、意見を述べたいと思います。

政治への期待と、現実の行政実態とに違和感があります。その原因を考えると、政治の発想が実行に移行するまでに、政治家側でその政策について、いわゆる段取りが充分に用意されておらず、政策の趣旨を思い付きで発表し、その効果を過大に宣伝していることによると考えます。従って実施段階で各級各層の行政事務の調整が整わないで、ア

イデア実施が懸念され、政治の信頼不足につながることが多いのではないでしょうか。たとえば、先般決定された二兆円の定額給付金ですが、最初の発想は景気対策の一環として、内需振興による消費拡大策であったはずが、世間からバラマキの非難をうけ、目的が低所得者層に対する支援策と変更された。それに対し、再度公金の分配に関する公正性を確保するための反論が提示されて、低所得層から全国民を支給対象にすることになりました。

ここまでが政治決定ですが、これ以降の実務、たとえば分配には誰があたるのか、財源の確保等各般にわたる課題が誘発されて、政策の良否まで議論となり、迷走してしまった。結果は麻生総理の強い意向で実施されました。

バラマキであるとか、経済実態改善の効果が希薄であるとか、議論があるでしょうが、景気の底割れ防止策として、また、国民の消費意欲を刺戟する政策として評価される点もあります。

この給付金の実行過程を検討すると、政治家と官僚との連繫が充分でなかったことは事実で、この経験から政治と官僚との一体的プレーが如何に難しく、容易ならざる努力とリーダーシップが必要であることが承知されたと思う。政治改革の一つの基本問題であります。

■行政にもPDSを導入し、効果の検証を

わが国の現況は、いわゆる先進民主主義国のなかでは珍しいほどの官僚主導国家であります。官僚中心の政治では、世間の空気が閉塞状態になり、経済や社会から活気が喪失されてしまいます。社会風潮はたえず開明的であることが望ましいので、民主国家である以上は、政治が優先して官僚行政との連繋関係をいかに密接に維持するかにかかっています。その前提となるのが、官尊民卑の歪んだ意識を変えることであります。

現在政治のスタイルは民主国家的になっているが、それは皮相なものであって、実態は民主的内容になっていません。その極端な表現は「親方日の丸」であります。政策や行政は一般のビジネス同様に発想企画があって、それを成案にして実行し、その成果を評価検討、監視監督し、その結論を企画にアクションする。一言でいえば、P・D・S（プラン・ドゥ・シー）の連続のなかで充実されるものであります。

欧米諸国の民主国家では、行政の結果に対し、たえず厳しいチェックがなされているが、わが国ではこの機能が甚だ不備ですね。その為に現行の公務員制度を基本的に見直すべきであります。

■国家経営担当官と事務官を分離する

まず公務員の身分が、責任度や公務の難局に関係なく、公務員法によって定められています。国家経営の実務処理にあたる行政官としての公務員と、行政処理上の手続き事務や統計などの一般事務といわれる単純作業に従事する公務員を分離。行政官としての公務員は、資格認定の試験合格者で一定期間公共の実務に従事した者(現行のキャリア公務員)とし、一般事務公務とは区別して、採用と養成の過程を異にしてはどうだろう。

さらに行政官的公務員ならびに民間の企業・機関および大学の教職等は、転職可能な回転ドア式人事の適用を認める。要するに本人の意欲と公共に対する責任感、さらに実務能力等が採用の重点となり、行政官の質的向上を図るのである。官僚的硬直思考から離して、広角的視界で仕事に取り組むことができ、行政に庶民的感覚や国際的視野の反応が可能となると考えます。

■天下りではなく定年延長で雇用確保を

一般の事務官としての公務員の雇用については、その公共性を考慮することと身分保証をするため、現行の公務員制度にもとづくものでよいと考えます。公務員の定年制について、すべて大幅に期限を延長し、身分が安定した状況のなかで執務しうるようにする必要があります。

現在、いわゆるキャリア相当の公務員は五〇歳過ぎれば肩叩きが始まり、六〇歳の定年時までに大多数の行政公務員が転職する。天下り先を斡旋することで、当該公務員に肩叩きを納得させているが、国家的にみてこれほどの人材喪失はないのではないでしょうか。

天下りの慣行から官と企業の癒着が当然結ばれてくるので、国民の公正感からみて許容されるものではない。したがって「天下り」を排除するために、公務員の定年を、六五歳以上七五歳の範囲まで延長してもよいのではないかと考えます。

公務員の大幅な増員という反論があろうが、その措置はどうしたらいいのか、次で述べます。

■六〇歳以降はチェック業務と国際支援に従事

現在、わが国の一般行政職員は三二万人を有していますが、この人数は先進民主主義の一般行政公務員と比較して決して多いとはいえず、むしろ要員が少ないというのが実情です。それは、わが国ではチェック機能を担当する公務員が極端に少ないという事情があります。

定年延長にともなう増員に対する処置として、この制度移行に長時間の措置が必要で、一〇年の歳月をかけて、一定年齢の六〇歳を過ぎた職員を、職務経験を生かしてチェック関係の職務に従事してもらう。また、定年増を調整するため、新規採用の調整を図ることも必要になると考えます。

さらに海外関係の事務や国益に関係する支援事業に従事してもらい、国際貢献に寄与することも考えるべきですね。公務員が肩叩きと年金の関係を心配しながら従事をしていることは、国家に大きな不利益です。

■行政担当者の在り方から見直す

公務員制度改革でさらに重要なことは、人事の縦割りを改正することにあります。政治改革議論で必ず縦割り行政が基本問題として提案される。これは公務員人事が縦割りになっていることと関係しているのであって、鶏と卵の関係であるから、公務員改革の実績と絡めて考慮することが求められます。まず行政相当の公務員の在り方を、根本的に多角的に改革することが必須であります。

3　社会保障の充実について

年金制度の抜本的改革は財政に余裕を生み、国民の望む医療や社会を実現する。

社会保障制度の問題は、政治が国民に生活の安定を保障し、それによって国への信頼を強固にする重要課題であり、国民の期待に応えられる社会保障の構築が、国家の基本的責任であります。その内容には「公的年金」「医療保険制」「介護保険」「少子化対策としての子育て支援」「低所得者や医療支援の生活保護」などが含まれます。

■二〇三〇年の高齢化率は三二%に

終戦直後は本土を含む四島になり、人口は約五七〇〇万人、平均寿命は男性五六歳、女性六〇歳でした。平成一九年六月の政府資料では、人口が一億二七八〇万人となり、男性七九歳、女性八六歳と何れも世界一位の長寿国家になっています。長寿国の二位はイタリアで男性七八歳、女性八四歳、中国は男性七〇歳、女性七四歳、韓国は男性七三歳、女性八〇歳で、長寿は文明文化のバロメーターでもあります。この過程でわが国の社会保障制度が大きな役割を果たしたことは、見るべき成果であります。

世界保険機構(WHO)の健康達成度調査によれば、健康寿命を考慮にいれた平均寿命や、費用負担の公平性とその給付の適正化について、日本は世界一位の評価をうけています。しかるに出生率が平成一九年で一・三四%と低下し、猛烈なスピードで少子化社会となっており、この現況の延長線で二〇三〇年を考えると、人口は一億一五〇〇万人となり高齢者六五歳以上が三七〇〇万人、高齢化率は三二%となることが推測されます(二〇三〇年の一年間の出生数七〇万人、出生率を一・二四%と仮定した数字)。

■財政的な裏付けのある分かりやすい制度を

社会保障の現状認識から将来に向かって永続しうる改制度を実現すべく、福田康夫内閣で、二〇〇八年（平成二〇年）一月、東京大学吉川洋教授が委員長となり、一五名の委員で「社会保障国民会議」が発足。私は政治経験者として、この委員会の構成メンバーとなりました。

約一〇か月間、分科会等を含め三一回にわたる会議を重ね、精力的に議論をし、一一月四日に最終報告を提出しました。

その内容の骨子は、

①国民の期待に応えられる社会保障制を構築し、持続させることは政府の責任である。

②持続するため経済社会の様々な変化と進展にあわせ、社会保障の機能を強化しなければならぬ。

③給付と負担は不離不測の関係である。国民には社会保障を利用する権利があると同時に、公共に対する精神と自覚をもって制度を支える責任がある。

④国と地方公共団体はその責任を共通して、制度の構築と運用の両面で責任を果たす。

以上の原則について、各項毎に議論しました。各項目のうち最も議論の多く、結論が困難であったのは年金問題であります。

いわゆる再分配の機能を通じて、給付の平等負担の能力による公平を目指し、社会的公正を実現すべくいかに実行するのか。裏付けられるべき財政負担の役割と限界についても話し合われました。さらに効率性と透明性を実現するため、簡素で分かり易い制度、すべての国民が理解し納得する制度に改革すること等が課題となりました。

特に団塊世代が七五歳になる二〇二五年以降を見通した、長期にわたる持続と生活レベルの向上度に見合う保障の額等について、経済動向の見透しが不可能であるだけに、議論が百出。結論を導き出すのは容易ではありませんでした。

私はこの四原則を意識して、自主的な見解を披露しました。年金問題は多岐にわたるので、集約して「年金と財政負担」、「年金と雇用」の関係についての意見です。

年金についての提言

■国民・企業・共済の一本化は可能

①システムについて、できるだけ簡素な制度にし、事務手続きも難解な文言も避け、平易な表現で具体的例挙により理解を容易にすること。

②年金が厚生年金、国民年金、企業年金、共済年金等、就業と生活の形態によって年金が種別されているが、これを速やかに統合し一本化すること。三年金の統合は難しいとされているが、〝共済年金が統合によって大きな不利益をうけることが原因で統合が難航〟している。

統合に際し、ベースを国民年金に置き、厚生年金や企業年金、共済年金等は積立財産を所有して、ある方の財産の分を交付国債をもって全額政府が支払うこととする。この作業は非常に困難で、面倒な事務であるが不可能ではない。

かつて民間大企業が年金委託を解除した作業を経験しているので、そのノウハウを応用し、人員の動員と時間を考慮すれば可能なことと考えます。要するにやるかやらないか。この作業結果が、年金を単純にすることで理解度が進み透明性も進歩します。

■過大な不足金に政府はどう責任を負うのか

現行の社会保障制度全般が、昭和三六年当時の池田内閣の主張する所得倍増政策からくる福祉基本方針で決定し、その延長線で若干の手直しを経て、今日の運営となっています。しかし財政上の都合で、その都度部分的改正でお茶を濁してきました。その後高度経済成長をなし、また世界がグローバルに連繫して発展していくなかで、わが国の社会保障制度は、現在の社会的条件や経済規模に全く符合しておりません。現行の年金は自助努力の成果として受取る年金であるべきであるはずが、賦課制年金になっているので、保険料は一種の税金である。

今後もこの制度によって永続性を維持するのであれば、保険料賦課方式の原則にもとづき、その都度必要額を徴収することになります。それならば、現行の厖大な積立金はいかようの使命があり、その必要性をどのように説明するのでしょうか。賦課方式でなく積立方式であり、自己責任制を認める年金制であるならば、共済年金を除く年金の積立金として六〇〇兆円以上の資金を積立てなければならぬが、積立金不足をどうするか、現行の年金制度が将来行き詰まること必至で、その解決としていまのうちに年金を賦課方式で行くか自己責任制の契約年金制で運用するか、この大方針を決定しなければなりません。

■基礎年金は中途半端な支給額

私は現実に施行されている年金制度の現状から、将来の経済発展と高齢化時代の社会保険制のあり方を考える場合、現行の経過措置を一〇年間とみて、年金制度をいまのうちに抜本改革すべきであると主張します。

その反省の第一として、現在の基礎年金の位置が不明確であり、制度としての原理が充分に説明されておらず、保障よりも公平分配に役割を見出さざるを得ません。基礎年金は高齢者で低所得者のセイフティーネットであると位置づけるのであれば、生活保護者への給付と、その趣旨と金額を均衡させる必要があります。給付も中途半端な生活費でなく、エンゲル係数や普通の社会活動が可能な程度の支給をなすべきです。現在完全な有資格者で月額六万数千円の支給ですが、果たして社会保障と自得し切れるでしょうか。

また基礎年金は、高齢者であって普通程度の生活維持可能な所得者、すなわち社会保障の給付の必要のない高齢者にも、悪平等の原則で基礎年金が支給されています。しかも基礎年金に税金が支出されていることを考えると、基礎年金の使命役割と給付の対象及び適正な給付額を検討し、社会ネットとしての保障にすべきであります。

■自助年金制もひとつの選択肢

基礎年金の改革と同時に年金の骨格となり、普通年金制度を政府が保障する自助努力による保険として、現行の年金から独立区分して社会保険者に支払った保険料に相応する年金の支給をもって、老後の生活資源とするべきです。そのため制度設定と運営上の監視監督は政府の責任で、法律をもってすべきであるが、その実務と財務の健全性維持は、民間のしかるべき資格のある企業に依頼すべきです。

また、自助年金制によって政府が払うべき社会保障費が低減されることから、この年金の保険料を大幅に課税所得の控除に取り入れるべきでもあります。たとえば支払保険料年額一〇〇万円までは全額を所得控除にとりいれて、二〇〇万円までは保険料の八〇%免除など、大胆な控除によって盛年時の所得を、老後の生活費に移転することを保障する必要があります。

年金未納者が増え、生活保護の受給者が急増しています。特に生活保護の申請は、数年以前までは社会的敗者と見放され、本人が屈辱感をもっていたのであるが、現時点でこの制度の活用者の意識は大きく変化し、社会ネットの利用に対する個人意識は非常に功利的になり開放的になっています。

また、年金未納者も未納の公共的責任感は全くなく、低所得である自覚のもと、絶えず生活保護の制度利用と比較考慮して、未納問題を検討しているように思われる。自助努力による社会保障の有利を国民が理解することによって、社会保障のセイフティーネットとしての価値が認識されます。

年金の抜本的改革は財政上に大きな余裕をもたらすもので、その余裕で医療介護の財源も改正され、さらに国民の期待する社会の実現となり、消費税の増税議論でその全額が社会保障費に充当するという政策が考慮されている機会に、まず年金の改革を実行して、国民に社会保障維持に責任と期待を自覚せしめるべきであります。

4 不況対策と金融

民間資金やPFI方式の活用など、「民」主導の対策で不況脱却を

■東側諸国の自由主義経済参入も遠因

いま地球上すべての国が「百年に一度の大経済危機だ」と叫び、金融崩壊から実体経済が悪化して雇用不安が蔓延、社会不安となりつつあります。かかる事態になったのは、世界的に金利が低下し、金融資金が信用不安を多くかかえた住宅ローンに集中。その返済不能から経済金融機関の崩壊、実体経済悪化、不景気の到来となりました。米国発の

金融不安から発生した不況だと言われています。

私は、たしかに低金利から投機が拡大され金融危機になったことを認めます。しかしながら、一九九〇年くらいから世界経済がグローバル化したことで、東側陣営諸国が低賃金コストを武器にして自由市場経済に参入したのが、その遠因であると思っています。原料資源高、低賃金で過剰流動資金が発生し、各種の投資ファンドが組み立てられ、利潤追求の機会をうかがっていた。投資の対象を新興国に向けたが、これら新興国において投資対象のプロジェクトが不足するため、金融資金の投資対象のチャンスが不足。過剰資金の方が多すぎたため、過剰な流動資金は金融工学的投資となり、不良投資であることを察知した。それなのに高利潤であることから、あえて住宅ローンに集中したのです。

■新興国の過剰資金が金融バブルの源泉に

したがって現在の金融危機から脱却・健全化し、実体経済を改善するためには、金融問題が先行することは当然ですが、まず新興国の経済成長率を抑制することが肝要です。

同時に新興国が世界経済とマッチする新しい経済のあり方、世界的過剰流動資金を受け入れる投資対象を開発しなければならないと考えます。石油、鉱物資源、食糧等が不作為に高騰したのは、新興国の開発と工業化によりますが、それによって得られた過剰資金がバブルとなって、今回の金融危機の源泉となりました。この石油循環が経済のグローバル化、市場経済の無秩序な拡大、投資対象なき過剰流動資金などを引き起こし、一途の経済循環が百年に一度の経済危機を発生せしめたのですから、国際会議等の場において、この矛盾にメスを入れた議論がもっとなされて良いと思います。

いまは各国政府が自らなしうる範囲で努力することになっています。その結果、各国とも財政逼迫のなか、雇用と金融に重点を置いたバラマキ対策を講じているのが現状です。

これらの諸施策は、経済体質の改善を通じた永続性ある経済安定化にはならず、あたかも散髪屋の香水にすぎません。危機は資本主義である以上、好不況の廻転、インフレとデフレの交流は当然のことであるから、とりあえず景気対策を是としながらも、本格的な経済構造改革、財政再建策を用意してもらいたいですね。

■途上国の環境整備は世界から資金を集めて

人為的に人類すべてが協調しうる対象は、環境関係の改善と開発であり、福祉、特に医療、衛生、介護、さらには教育施設の充実等があります。これらの事業は新興国或いは低所得国に集中しているので、投資のリスクは大きいのだろうが、その効果もまた大きい。だが、投資者が国際金融機関である場合、プログラムの作成やアプローチに苦労するであろうが、比較的平穏に進行するのではないでしょうか。

たとえば、世界銀行、ＩＭＦ、アジア開発銀行等国際協力のもとで組織されている国際金融機関が、その機関自発の債券を発行し、世界中から資金を集めて投資する。

さらには、地域開発事業として、アジア開発銀行がメコン川総合開発事業を、また欧州発展開発銀行は、中欧諸国や中央アジア等では病院や鉄道の敷設等を支援する。中東地域で世界銀行が戦後復興や大学等の学術研究施設の建設を推進する等、国際開発発展金融機関に大きな期待をかけています。

この他国際機関は九機関あると認識しているが、資金提供も低金利であり、リスク管理に不安がないので重用されています。

■不況対策にもっと民間資金を

二〇〇九年四月、G20による力強い声明が出されたり、前年の二〇〇八年四月にワシントンで開会されたG7（財務大臣、中央銀行総裁会議）では決意が採択されたり、現在世界は、経済の復興に懸命の努力をしています。それは評価されるものでありますが、政府の努力は当面の景気対策、雇用改善政策であって、政府の努力のみでは持続的経済成長を目指す中長期的経済活動にはなり得ないと考えます。

グローバル世界経済の発展を期するためには、低開発国や新興国の社会的基盤の向上投資を通じて、世界的需要を喚起する必要があります。各国の政府はすべて財政事情が悪化しているので、民間の資金活用を通じて、国際金融機関の資本増額や貸出資金の充分な確保に努力すべきであると考えます。

最近IMFが五〇〇〇億ドルの新規借入取決めをしました。そのうち二五〇〇億ドルは一般貸付で、あとの二五〇〇億ドルは貿易金融支援となっています。結構な対策です。この資金にわが国が一〇〇〇億ドルの協力を約束しています。

この一〇〇〇億ドルを民間資金から集めるようにして、政府資金を内需政策に充当してはいかがだろうか。国際平準の金利で充分な集金が可能と思う。要するに不況対策にもっと民間資金を導入すべきなのです。地方銀行や中小金融機関では、預貸率が低下、保有資金の優良貸出先開拓に苦慮しています。資金はあるが不良債権を過度に警戒しているので、貸出行動が消極的になっているのです。

今回の政府発表の金融保証枠四〇兆円は、それ相当の効果ありと期待していますが、この枠内資金が既存の焦付き貸出金の代納資金に振替えられるならば、まことに残念で、あくまでも経済の活性化のため全額新規貸付となるよう監督官庁での采配が必要です。なお今回の追加補正執行に合わせて意見を申すならば、連立立体交差事業や公共病院の新築等、公共的事業にもっと民間資金を活用すべきであって、たとえばＰＦＩ（プライベート・ファイナンス・イニシアティブ）方式等の活用が容易になるよう、工夫と努力をしてもらいたい。経済対策は官主導よりも民間の創造力と実行力を評価して、民主導で不況脱却をなしとげてほしいですね。

5　政策提案——愚見

■消極的な自己満足主義からの脱出

一〇〇〇年に一度の世界経済不況と言われていますが、その遠因は世界的な過剰資金の運営に端を発し、米国の住宅ローンの不良債権化が拡大。経済収縮となったことにあります。したがってハイリスク、ハイリターンで金融利益を追求し、投資に依存した金融国の経済不況と、産業国の不況とでは本質に相異します。しかしグローバリゼーション下では、世界同時不況に苦しんでいる。わが国の経済は産業的基盤がしっかりしているので、他国に比べ現下の不況回復対策や、今後の経済繁栄施策が欧米諸国のそれとは異なるものであることを強く意識すべきです。

過般来、政府が努力している経済底割れ防止対策や消費拡大政策は、財政出動中心の単純な経済政策でありますが、これでは豊かで安定した将来社会が構築されないと考えます。

ＯＥＣＤが発表した主要国の経済成長率を見てみますと、

	二〇〇九年	二〇一〇年
米国	一〇・九％	一・六％
英国	一一・〇％	〇・九％
ドイツ	一〇・八％	一・二％
日本	〇・一％	〇・六％
中国	八・五％	九・二％
ロシア	二・三％	五・六％

となっています。日本以外の諸国の経済回復が早いのに拘わらず、わが国は緩慢であり

ます。

欧米諸国では、住宅不振の底入れや金融政策による景気刺激が奏功するなど、回復の足取りが速やかであるが、反面、財政出動が既に限界を越えていることと、国民の貯蓄がそれ程ないので、ＯＥＣＤが発表した見通しは、素直に承知することは難しい。

一方わが国は、欧米の如き金融危機の波をかぶっていないので、多様な経済政策を有機的に発動することで、底割れを回避して成長を軌道に乗せることが可能です。さらにその回復過程を通じて、日本経済の構造を緩やかに改革しつつ、二一世紀型の近代的な経済体質に移行せしめることができると考えます。そのためにはまず、国政の体質を改めることが肝要です。現在のわが国は、消極的な自己満足主義であるから、既得権益を墨守する社会意識を変えることが必須です。後ろ向きでは将来の豊かさは獲得できません。もっとリスクに挑戦する決意が必要なんです。

■制約的な行政からの脱却

民の変質と同時に官の体質改善も必要で、規制をもって行政の本分とする制約的行政から脱却すべきだと考えます。政治家や官僚に望むことは、「一度やってみなはれ！」の積極的な取り組みです。今回政府が追加経済対策を提唱し、同時に平成二一年度経済見通し暫定試算によると、過般来数次にわたる経済危機対策の効果として、二一年度の実質ＧＤＰは一・九％程度押上げられるとみています。さらにこの構想が着実に実行されるならば、二二年度は二・九％になる効果ありとしている。政府の経済回復に対する熱意を素直に受け止めたいですな。

ついてはその内容を検討すると、成長率引き上げ効果の要因として、民間支出一・二％、公的支出〇・八％となっているが、官の支出は財政上の制約があり、これ以上は難しいでしょうが、民間支出は誘導政策によってさらにこれ以上の効果をもたらすことができると考えます。すなわち行政規制を緩和することと、民間の財力を有効に活用することです。

それに関連して私は、一、二、三の素案を提示したいので検討していただきたい。

❶民間資金、ＰＦＩ方式の活用を

まず経済の正常な成長を期するならば、民間資金を思いっきり活用することである。金融機関は十数年前の不良債権処理に懲りて、貸出が鈍って預貸率低下で営業利益も減少している。これら金融機関の資金出動を容易にし、しかも安全をキープする手段の一つとして、ＰＦＩ事業を活用してはどうか。特に連立立体交差事業や公共病院の高度化、教育施設の充実等、公共施設の建設、維持、管理等に民間の資金と技術、経営能力を活用するのに最適であると思う。英国を始め欧州では、鉄道や病院、学校等に積極的に利用されている。わが国でも旧文部省、会計検査役等の再開発や各地の刑務所の改築等に活用されている。ただ難点は特定会社の設立に、行政介入が多すぎることである。今後事業内容や契約に柔軟性を持たせ、民間能力活用でコスト削減になる。官が公費を使うのではなく、民間資金活用で勿論投資の変動リスクや残存価値の処理等難問はあるが、「やってみなはれ」の意気込みで実行してはいかがか。

❷労働分配率の見直しを

昨年秋、一〇〇〇年に一度の不況に際し、その対策として総枠二兆円の政府資金を全国民に配分し、消費を刺激することになった。また、休日の消費拡大を狙って高速道路の一〇〇〇円乗り料金も実行された。これら一連の庶民の消費対策は、経済原理や現状の財政事情等を考えると良否両論あろうが、いま不況で閉塞状態にあるとき批判をしても意味がない。出来るだけ効果が出るよう願いたい。ただ願わくば、この対策を支出した国費は増税で精算するという無能な措置で解決してほしくない。必ず将来の予算削減や無駄使いの廃止等で精算してほしい。わが国の可処分所得が貯蓄に移行する分が多いので、貯蓄性向が高く、一般生活消費には非常に消極的である。節約型生活で豊かさ実感の消費になるには、やはり個人の所得の増額を図らなければならない。特に最近高齢化が進み年金生活に依存する所得構造になってきたので、貯蓄の取り崩しや、子、孫への教育投資も激増しているので、消費拡大から内需を増やして経済成長を図る政策は個人所得の増額にならざるを得ない。

　個人消費を強くするため私は、労働分配率を見直しては如何かという提案をしたい。企業が生み出す付加価値のうち、人件費として従業員にどれだけ支払われるかを表す労働分配率であるが、二〇〇五～七年の平均値を見ると、大企業は四七％、中小企業は七五％となっている。一九九五年から二〇〇〇年までの五年間の平均では大企業五七％で、中小企業七七％である。すなわち大企業は三つの無駄（過剰借入金、過剰設備、過剰従業員）を排除して、グローバル化に適応する営業と設備投資を実行し、輸出振興に努力したので多大の利益を挙げた。そのため労働分配率は一〇％も降下している。中小企業は先の体質から技術向上に伴う設備投資が不本意であり、従業員も必要限界雇用であるので、好不況に際し営業の規模拡大が不可能で、付加価値の増加が望まれないので、労働分配率もたえず経営を維持する限度内で支出されている。政府が内需拡大を緊急最重要政策として推進しているので、この際大企業で労働分配率を思い切って一〇％位に引上げてはいかがか。

■公共の精神で企業は経済力回復に協力を

これに反論が寄せられるとすれば、

①賃金の引上げは国際競争力の劣弱化になる。

②賃金引上げによって非正規社員を始め、従業員の削減がきびしくなり、失業者が増加してもよいのか。

③企業は目下、未曾有の赤字決算であるのに、企業経営者として放漫な賃上げに応じられない。

などが挙げられると思いますが、議論をすると企業側の主張も至極当然で、すべて肯定されるものであります。しかし政府が財政破綻に直面する程の政策を掲げて経済不況克服に努力をしているのだから、企業、特に大企業も一〇年前の苦境を回顧してほしいと考えます。いま経営者や株主は隔世的に待遇改善されています。また、企業の赤字決算も企業会計基準がいわゆるＢＩＳ規定によることになったので、実態と相異した赤字決算が発表されています。この際、企業の社会的責任を経営者は反映して貰えないだろうか。あの当時、頑張り抜いた努力と企業を守る責任感をもって、国の経済力回復に協力する公共精神を持って貰えれば、借入金の増加や国際競争力に対応する智慧も生まれてくるはずです。これに呼応して政府も各種の規制を見直して、もっと実際に運営するアロアンスを広げ、行政指導や税制等総合した産業誘導策を積極的に展開すべきであります。現行の「べからず行政」では活力は発揮されません。

■民間資金の可能性を追求する

次に、民間資金の活用と国際貢献についてですが、京都議定書の実現に各国共々努力をしているが、その成果が実感されるまでになってはいません。わが国が責任上、さらなる努力をいたすことは当然ですが、自動車産業界や電力会社の低炭素エネルギー開発は、刮目する努力がなされ、国際問題としても評価が高くなっています。今後一層努力を必要とする部門は、公共施設、特に公園等緑化運動と、その維持管理だと考えます。私が最も改善を望むのは、既存の街路の植樹で、都市環境の改善のために地域住民が街路樹繁茂運動を起こしうるようインセンティブを考案してほしいと切望します。

また、近隣諸国、特にＡＳＥＡＮ諸国の国土の均衡ある発展と、国の経済成長を支援する目的をもって諸般にわたる改善計画を提案し、技術的指導と資金供給を支援してはどうだろうか。ＡＳＥＡＮ諸国の首都で上下水道の不備、交通停滞の解消等多くの公共投資が待機しています。また、メコン川やガンジス河のような国際河川による地域開発も期待されています。アジア開発銀行の債権を日本の民間資金で対応し、アジア地域のレベルアップを図っては如何。わが国の民間資金の活用を多角的多様性をもって考慮することが重要です。

■高齢者の社会保障費負担に応能性を

そして社会保障に関し、わが国は戦後六〇年間、行政は企画立案、運営管理等すべてが官主導で執行されてきたので、本質的には社会主義的皮膜をかぶった民主主義になっています。その模範となっているのが社会保障サービスで、公平平等の原則が徹底しています。社会保障の財源についてですが、わが国の老人年齢が現実的には六五歳をもって老齢者として、社会保障の重点対象となっており、老齢者すなわち社会的弱者と見なされ、経済力貧弱者としているが、果たしてそうでしょうか。概括的に経済創造力は弱くなり、収入も少なくなっているが、老齢者すべてがそれに相当する者ではないと考えます。公平平等の行政の公正性からみれば、社会的弱者としての高齢者と、一般社会人としての老齢者を区分することは難しいだろうが、社会保障の給付は公平平等の原則で良いとしても、負担についてはもっと応能性を考慮してもよいのではないだろうか。国の社会保障財源が窮迫して、中福祉中負担の制度維持が疑問視されています。この追加財源に一般消費税の財源が準備されつつあるが、その実現までには数年は必要と考えます。その数年間の臨時措置として、年金所得者を対象に年収に応じた負担をお願いしてはいかがか。近く税制の抜本的改革が必要になります。消費税問題が中心となるでしょうが、この際税の公平性を期すため納税者番号制の導入等も合わせ考えるべきであります。

塩川正十郎　自筆年譜

年号	西暦	塩川正十郎 関連	日本・世界の出来事
大正10年	一九二一	**10・13 大阪府中河内郡布施町東足代に生まれる。** 塩川家の始祖は、藤原鎌足の末子であった多羅尾吉通の孫吉俊の子、左大夫。「粉河寺縁起」に「河内国しぶかはの郡に長者在りけり」と記されている。 父・正三は布施町長や布施市長をつとめていた。公職に就いていないときは、貸家の建設や近沿線の学校誘致や建設など、開発デベロッパーのようなことをしていた。 母・美彌（みね）の父は小岸安昌といい、東淀川区宮原町では素封家で、若い頃は関西大学の前身の法律学校で勉強をした。村の智慧者といわれ大阪府議会議員を長年つとめていた。 両親は共に大変な子煩悩で、特に母は娯楽を知らず、趣味をもたず、ただひたすらに子どもを一人前にするために生涯をかけた。上の二、三人の子は、とても厳しく躾られた。	4・11 日本でメートル法公布 11・4 原敬首相が東京駅で暗殺される（原敬暗殺事件） 10・13 摂政宮が英国の戴冠式出席のため神戸港から軍艦で出航 **11・13 高橋是清内閣成立** ＊11月 イタリアでファシスト党成立
11年	一九二二 1歳		＊10・31 ムッソリーニが首相に就任 ＊11・17 アインシュタイン来日
12年	一九二三 2歳		9・1 関東大震災
13年	一九二四 3歳		＊1・21 レーニン死去 ＊1・30 ソ連憲法公布
14年	一九二五 4歳		4・7 治安維持法公布 5・5 衆議院普通選挙法公布 6・1 （大阪放送局）ラジオ放送開始

15年 昭和元年	一九二六 5歳		12・25 大正天皇崩御。昭和と改元
2年	一九二七 6歳		3・14 金融恐慌勃発 ＊10・25 江西省井崗で毛沢東革命根拠地を建設
3年	一九二八 7歳	3月 父正三、布施町町長に当選。 **4月 荒川小学校（第一小学校）に入学。**	2・20 初の普通選挙執行 11・10 昭和天皇即位礼挙行
4年	一九二九 8歳		＊10・24 世界恐慌
5年	一九三〇 9歳		＊9・14 ドイツ総選挙ナチス党躍進 11・14 浜口雄幸首相狙撃される
6年	一九三一 10歳		1月 田河水泡の「のらくろ二等兵」が『少年倶楽部』に連載 4・30 大阪帝国大学設置 9・18 満州事変勃発 **12・30 最強の政党内閣、犬養毅内閣成立**
7年	一九三二 11歳		3・1 満州国建国を宣言 5・15 五・一五事件
8年	一九三三 12歳	**3月 布施町と高井田村合併。父正三、布施町長に就任。**	3・27 国際連盟脱退
9年	一九三四 13歳	**4月 大阪府立八尾中学校に入学。** 中学校の同級生には親友の五味康祐がいる。彼は後に「喪神」で芥川賞を受賞。	9・21 室戸台風。死者三〇三六人 12・26 プロ野球巨人軍の前身である大日本東京野球倶楽部設立

10年	一九三五 14歳		2・1 湯川秀樹博士が中間子論を発表 2・18 貴族院が美濃部達吉の天皇機関説を弾劾 8・12 陸軍軍務局長永田鉄山が斬殺
11年	一九三六 15歳	3月 六カ町村合併し、父正三、初代布施市長に就任。	2・26 二・二六事件 11・25 日独防共協定調印 この年、第一回国民歌謡をラジオ放送
12年	一九三七 16歳		7・7 日中戦争始まる
13年	一九三八 17歳		5・5 国家総動員法施行
14年	一九三九 18歳	**慶應義塾大学の予科に入学。** 中学時代の親友五味君とは、彼が早稲田大学の第一高等学校に入学し、お互いに下宿が決まるまで一緒に暮らしたこともあった。慶應義塾在学中は、父の知人で世田谷区玉川奥沢の九品仏にある上野斌郎画伯の家にやっかいになっていた。	9・3 第二次世界大戦始まる
15年	一九四〇 19歳	慶應義塾体育会送球部（ハンドボール部）に入部。	9・27 日独伊三国同盟調印 10・12 大政翼賛会発足
16年	一九四一 20歳		4・13 日ソ中立条約調印 **10・16 東条英機内閣成立** 12・8 太平洋戦争始まる
17年	一九四二 21歳		6・5 ミッドウェー海戦

年	西暦・年齢	事項	社会
18年	一九四三 22歳	**10・21 学徒出陣壮行会。**神宮外苑競技場でどしゃぶりの雨の中、学徒動員壮行会が行われ、慶應義塾の一員として参加。この日参加したのは、東京各大学の学生達で主として体育会所属の者、約一万人。塩川は、当時ハンドボール部に所属していた。壮行会は、いいようのない緊張と不安なものだった。兵役については当然の宿命と諦観。入隊までの約一カ月間は、学友と志賀高原や九州旅行などで青春を満喫した。 **12・1 信太山野砲兵第四連隊に入隊。**翌19年2月～11月まで千葉県四街道にあった陸軍野砲学校や習志野学校などで砲術訓練および毒ガス訓練を受け、見習士官に昇格。中国大陸へ派遣される。	10・2 学校徴兵猶予制撤廃 ＊11・22 米英華、カイロ会談
19年	一九四四 23歳	**11・1 陸軍見習士官として支那派遣軍に転属、北京郊外に駐屯。**所属部隊は、秀嶺集団独立第十九砲兵大隊。支那事変勃発時からの部隊であり、若い兵隊が少なく、塩川は若手の代表となり酷使された。最初は北京に、その後徐州で第五次河南作戦のため、新しい部隊編成が行われたのだが、この作戦は武器弾薬が整わず中止。	**7・18** 小磯国昭内閣成立
20年	一九四五 24歳	各地を移動して20年6月頃、泰山のふもとの泰安にたどり着き、米軍の空襲に備えて防空壕構築をしていた。そこで終戦を迎える。部隊には師団本部と連絡を取る無線電話がなかったので、終戦を知ったのは8月15日の後しばらくしてからのことだった。以降各地を転々として青島に到着。 6・16 空襲により大阪の母屋焼失。	＊2・4 米英ソ、ヤルタ会談 3・10 東京大空襲 3・13 大阪大空襲 4・1 米軍沖縄上陸 **4・7 鈴木貫太郎内閣成立** ＊5・7 ドイツ、連合国に降伏

年	西暦・年齢	事項	社会の出来事
		初冬　約一カ月間の捕虜生活。	8・6　広島に原爆投下 8・8　ソ連、日本に宣戦布告 8・15　ポツダム宣言受諾、敗戦 **8・17　東久邇宮稔彦内閣成立** **10・9　幣原喜重郎内閣成立** 12・9　GHQ、農地改革を指令 12・22　労働組合法公布
21年	一九四六 25歳	**1・2　中国より復員。**佐世保軍港の北側の山間にある南風崎《はえのさき》に上陸、復員。**マラリアを患う。**マラリア病に罹り、肺浸潤に冒され約二年間苦しむ。 1月　父正三、布施市名誉市長に就任。	1・1　天皇、人間宣言 1・4　GHQ、軍国主義者の公職追放 4・10　第二二回総選挙 **5・22　吉田茂内閣成立** 11・3　日本国憲法公布
22年	一九四七 26歳	大阪府茨木市在の療養所、および奈良の新薬師寺で療養をかねた生活。	4・1　六・三・三制新教育制度実施 4・20　第一回参議院議員選挙 4・25　第二三回総選挙 **5・23　片山哲内閣成立**
23年	一九四八 27歳	**5月　大阪魚網製造㈱代表取締役に就任。**原料の綿糸が統制物質で闇物資の取引に利用されてはならぬので、その管理が難しく、蛙股漁網という機械織りであったため熟練工がおらず、能率が上がらず苦労、赤字続き。	**3・10　芦田均（連立）内閣成立** 10・7　昭電事件で芦田内閣総辞職 **10・19　吉田茂内閣（第二次）成立** 11・12　極東国際軍事裁判所、東条英機ら二五人に有罪判決
24年	一九四九 28歳	南海地震および数度の太平洋岸の地震で沿岸漁業不振。魚網経営再建策。	7・5　下山事件、以下この年三鷹事件、松川事件と続く ＊10・1　中華人民共和国成立

年	西暦・年齢	事項	社会の動き
25年	一九五〇 29歳	この年4月、布施市長選挙で父が敗れる。 この頃、父からの命令で、塩川家の土地を管理するため三容起業㈱を起こし、家財の整理。土地は売却登記ばかりであった。 同じ頃、父・正三は、地元の実業家と資本金二億円で河内銀行を設立。	1・23 第二四回総選挙 ＊6・25 朝鮮戦争勃発 9・3 ジェーン台風
26年	一九五一 30歳	市役所および警察関係退職者と協同して新法による弘容信用組合を設立発起。	9・8 対日講和条約と日米安保条約に調印 10・24 社会党、両条約をめぐって左右両派に分裂
27年	一九五二 31歳	**3月 大阪魚網製造㈱を清算し解散する。** 昭和25年のジェーン台風により、販売先の高知県宿毛や土佐清水の漁協の網の流出で漁業が稼働できず、大阪魚網製造㈱を清算。	4・21 公職追放令廃止 5・1 血のメーデー事件 10・1 第二五回総選挙
28年	一九五三 32歳	片岡勇蔵氏（近畿日本鉄道代表）と共に大阪天満宮で安岡正篤塾に入る。	2・1 NHK、東京でテレビ放送開始 4・19 第二六回総選挙 ＊7・27 朝鮮戦争休戦協定調印
29年	一九五四 33歳	**1・24 服部鈴子と結婚。** 妻・鈴子は服部保太郎の長女で、終戦まで大阪瓦町四丁目で洋品と雑貨の輸入貿易を家業としていた。仲人は従兄の水原清氏（元近畿日本鉄道副社長）。	4月 造船疑獄 7・1 防衛庁、自衛隊が発足 **12・10 鳩山一郎内閣成立**
30年	一九五五 34歳		この年、基地闘争激化 経済白書の書き出しは「もう戦後ではない」 2・27 第二七回総選挙 10・13 社会党統一大会 10・15 保守合同、自由民主党結成。いわゆる五五年体制となる

年	西暦・年齢	事項	社会の出来事
31年	一九五六 35歳	片岡勇蔵氏ら旧府立八尾中学校同窓会生を中心に、有志二〇〇名で河内師友会を設立して安岡教学の普及にあたる。	2・19 新潮社『週刊新潮』創刊以後、週刊誌ブーム起きる 10・19 日ソ国交回復共同宣言 12・18 日本、国連に加盟 **12・23 石橋湛山内閣成立**
32年	一九五七 36歳	4月 父正三布施市名誉市民に推挙される。 **9月 布施青年会議所設立初代理事長就任。** 大阪市、堺市に次いで府内三番目の設立。枚岡・河内両市を含む青年会議所とした。青年会議所とはなにか全く分からぬまま、とにかく地域のオピニオンリーダーになると心得て活動をした。	**2・25 岸信介内閣成立**
33年	一九五八 37歳	3・6 父正三死去。父の布施市民葬で喪主。	4・1 売春防止法施行 5・22 第二八回総選挙 8・25 日清食品「チキンラーメン」発売。以後、インスタント食品がブームに
34年	一九五九 38歳	日本青年会議所、全国リーダーシップ委員長に就任。	4・10 皇太子ご成婚 9・24 伊勢湾台風・死者不明五〇九八、家屋全壊流失約四万戸
35年	一九六〇 39歳	**9・28 日本生産性本部及び日本青年会議所共同派遣欧州企業活動調査団に参加（団長高島浩一氏で十名）。** 12・14 帰国。 この旅行で決定的な思考の転換を経験。二十年の終戦、復員後、健康を害し療養が障害となって思い切った身の展望も思いつかず、また経済的にも何をやっても素人の哀しさでその業界と溶け合えないことから成功できず、後始末に追い回されていた。	六〇年安保闘争の年 1・19 日米安全保障条約（改定）調印 5・19 新安保条約承認のために、衆院に警官隊を導入して強行採決 6・23 新安保条約批准書交換、発効 7・19 **池田勇人内閣成立**、所得倍増計画 10・12 浅沼社会党委員長刺殺される

		そんな時、青年会議所から欧州旅行の誘いがあり参加。全国から選ばれた十一人の団員で、七五日間・十カ国を巡る。戦中戦後、鬱屈した世相のなかで青春時代を抑圧されてきたなかで、まったく異なる世界展望と躍動を与えられた。**この旅で、将来の目標を政治家になることと決意する。**	11・20 第二九回総選挙 ＊11月 米大統領選でJ・F・ケネディ当選
36年	一九六一 40歳	昭和35～36年にかけて、布施・河内・枚岡の三市合併運動を推進する。	4・1 拠出制国民年金制度が発足 9・16 第二室戸台風
37年	一九六二 41歳	『塩川正三伝』刊行。	＊キューバ危機
38年	一九六三 42歳	布施青年会議所会員を引退したので、同志に呼びかけ布施・河内・枚岡三市の合併を提起する。	11・21 第三十回総選挙 11・23 日米間衛生テレビ中継が成功。ケネディ米大統領暗殺を受信
39年	一九六四 43歳	**6月 布施市助役兼三市合併事務局長に就任。** 公務員になりきれず摩擦も多かった。	10・1 東海道新幹線開業 10・10 東京オリンピック開会 **11・9 佐藤栄作内閣成立**
40年	一九六五 44歳	10月 合併協議会の要項をまとめ各市の要望を整理調整する。	5・28 山一証券に日銀特融 6・22 日韓基本条約調印
41年	一九六六 45歳	晩秋、地元選出の大倉三郎代議士がかねてより体調を崩しており、次の衆議院選挙に出るようにとの話がある。 **12・24 布施市助役退任。**	この年、戦後初めての赤字国債発行。2月より4月にかけて航空機事故相次ぐ。日本の総人口一億人をこえる 12・27 佐藤首相、「黒い霧解散」
42年	一九六七 46歳	**1・29 衆議院議員に初当選。** 1月8日公示で準備も全くできず、6日にやっと印刷所からポスターが届き出陣式に間に合う。選挙の戦力は大倉三郎先生や	1・29 第三一回総選挙 2・1 東大阪市発足（布施・河内・枚岡三市の合併決定）

年	西暦・年齢	事績	社会の出来事
		辰巳佐太郎市長の後援会など。布施、八尾、富田林などの青年会議所のメンバーや八尾高校の同窓会が無心に応援し、勝手連をつくって応援。ケネディばりに「炬火はヤングパワーに」でアピールして戦い抜く。岸信介先生が二回、倉石忠雄先生、宮沢喜一先生などが街頭演説などに参加。選挙の結果は、二位で初陣を飾る。 **地方行政委員会理事に就任**。国会議員には地方自治経験者が少なく、一年生議員にもかかわらず直ちに理事に。 **拓世会発足**。42年初当選の仲間で「拓世会」という親睦会を発足。きっかけは、佐藤総理が初当選者三六名を総理官邸に招待し、昼食会を行い、「同期会を作れ」と示唆されたことによる。メンバーには、河野洋平、藤波孝生、加藤六月、箕輪登、大村襄治など。代表に選ばれ、さっそく安岡正篤先生を訪ねて、会の命名を依頼する。	2・10　東大阪市初代市長に辰巳佐太郎当選 4・15　東京都知事に革新の美濃部亮吉当選 12・12　タクシー汚職
43年	一九六八 47歳	10月　岸信介先生の推薦紹介で住友化学工業社長の土井正治氏を発起人として塩川支援の塩心会結成される。	この年、学生運動激化、全共闘結成 6月　小笠原が日本に復帰 12・10　三億円事件発生
44年	一九六九 48歳	**12・27　衆議院議員に当選**（二回）。 **国会対策副委員長に就任**。 44～47年まで、福田派から国会対策副委員長として与野党国会対策の第一線に送り出される。大変多くのことを経験するが、特に言葉の使い方と人情の機微について塚原国会対策委員長から厳しい指導を受ける。野党との交渉のなかで彼らが反対を押し通すために理不尽なことを言ってきた場合など、例えば「カラスは白い」と難問をぶつけてきても、「白いカラスもいるかもしれないが、僕はまだ見たことがない」ぐらいで、喧嘩にならないようにすることを心がけるよう教えられた。	11・22　日米会談で沖縄を一九七二年に返還することを共同声明 12月　日本GNP、世界二位に 12・27　第三二回総選挙

45年	一九七〇 49歳	党地方行政調査会副会長として地方公務員の停年制法案の起草を担当。 福田赳夫先生を総理大臣にするため、紀尾井会（のち清和会になる）若手の会をつくる。	3・14 日本万国博開催（大阪） 3・31 赤軍派、日航機よど号を乗っ取る 6・22 日米安保条約自動延長 11・25 三島由紀夫、「楯の会」のメンバーと自衛隊東部本部総監部に突入し自決
46年	一九七一 50歳		4・12 東京都知事に美濃部亮吉、大阪府知事に黒田了一が当選 6・17 沖縄返還協定調印 ＊8・15 ニクソン米大統領、ドル防衛策を発表 8・27 政府、段階的に円の変動相場制移行を発表
47年	一九七二 51歳	**12・10 衆議院議員当選（三回）。** **通商産業政務次官就任。** 日米繊維交渉問題で大阪中心とする調査団を結成。繊維産業の整理統合に従事。 「角福戦争」激化。福田派の斬込隊として足踏。	2・19 連合赤軍、浅間山荘事件 ＊2・21 ニクソン訪中 5・15 沖縄の施政権返還 6・11 田中角栄通産相、「日本列島改造論」を発表 **7・7 田中角栄内閣成立** 9・25 日中国交回復 12・10 第三三回総選挙
48年	一九七三 52歳	**7月 米国の農産物（大豆）輸出規制抗議のために、通商産業政務次官として米・加に出張。**	1・1 老人福祉法施行、七十歳以上の老人医療無料化

年	西暦・年齢	事項	社会の動き
		国内でインフレが拡大していたとき、突然米国は大豆の輸出を禁止。引き続き鉄くずスクラップも禁輸、さらにカナダは菜種油の対日輸出を禁止した。この措置は、第一次石油ショックの直前で、日米間の経済摩擦に対する米国の報復措置だった。塩川は、中曽根通産大臣から「米国との摩擦案件交渉のため訪米せよ」との命を受け出張し、交渉にあたった。これが塩川にとっての最初の本格的な外交交渉で、その後の政治生活の大きな自信につながる。 10月に発生した石油ショックで日用品が店頭から消え、不平不満が爆発。連日街頭討論会に出席して理由を説明。 12月　衆議院商工委員会理事に就任。	＊1・27 ベトナム平和協定調印 2・14 変動相場制移行、一ドル二六四円 8・8 金大中事件 ＊10・6 第四次中東戦争 10・17 ＯＰＥＣ湾岸六カ国原油価格値上げを公示、石油ショックとなる
49年	一九七四 53歳	商工委員会理事として独占禁止法改正に尽力。欧州各国推薦者と意見交換。	この年、狂乱物価（2月ピーク） 7月　三木副総理・福田蔵相・保利国務相ら辞任 10月　田中総理の金脈事件 **12・9　三木武夫内閣成立**
50年	一九七五 54歳	1月　衆議院議院運営委員会理事に就任。 「椎名裁定」により三木内閣成立後、議院運営委員となる。	＊4・30 ベトナム戦争終結 8・4 日本赤軍、クアラルンプールの米大使館を占拠し過激派七人の釈放を要求。政府超法規的措置により釈放、五人が離日 ＊11・15 仏ランブイエで第一回サミット開催 11・26 公労協、スト権ストをうつ。国鉄八日間の運休

51年	一九七六 55歳	7月　挙党体制確立協議会設立事務局長に就任。 **12・5　衆議院議員当選（四回）。** **12・24　内閣官房副長官就任。** 福田内閣で官房副長官に任命される。	2・4　米議会でロッキード事件発覚 6・25　河野洋平ら六議員自民党離党、新自由クラブ結成 7・27　田中元首相逮捕 8月　自民党内で「三木おろし」激化 12・5　第三四回総選挙 **12・24　福田赳夫内閣成立**
52年	一九七七 56歳	**5月　福田総理ロンドン・サミット出席。主席随員として随行** **9・28　ダッカ日航機ハイジャック事件では、内閣官房副長官として事件の解決のために奔走する。** **この年、塩川は、民間労組・官公労との交渉にあたり、労働問題の決着に導く。**	8・18　福田ドクトリン発表 9・24　日本赤軍、ボンベイで日航機をハイジャックしダッカに強制着陸。政府超法規措置により、赤軍派六人釈放し六〇〇万ドルを支払う
53年	一九七八 57歳	1月　議院運営委員会筆頭理事に就任。 12月　自民党政調副会長就任。	5・20　成田空港開港 8・12　日中平和友好条約調印 11・26　自民党総裁選挙で大平正芳、福田首相に圧勝 **12・7　大平正芳内閣成立**
54年	一九七九 58歳	**10・7　衆議院議員当選（五回）。** **10月　衆議院商工委員長に就任。** この年、衆議院議員総選挙で安定過半数である二七三議席をとれなかった自民党は、敗北の責任を巡って福田先生と大平先生が四〇日抗争を展開。首相指名の本会議がなかなか開かれず、当時、議員運営委員会の理事と国会対策副委員長を兼任でつとめていた塩川は大変困惑した。	＊1・1　米中国交回復 1・13　国公立大学の共通一次試験初実施 10・7　第三五回総選挙。自民党の党内抗争激化、いわゆる「四〇日抗争」起こる。衆議院の同一会派閥（自民党）から福田・大平の二名が首班指名候補に立候補するという憲政史上初めての醜聞となる。**第二次大平内閣が誕生。**

年	西暦・年齢	事項	社会の動き
55年	一九八〇 59歳	**6・22 衆議院議員当選（六回）。** **7・17 運輸大臣就任（鈴木内閣）。鈴木内閣発足早々の閣議で関西国際空港建設を発議。** まさに青天の霹靂。同日深夜、宮中に参内し、陛下から直々「国務大臣に任命する」詔書をいただいたとき、感涙にむせび、生涯忘れ得ない感激であった。就任記者会見のとき、運輸省官房長が渡した会見資料には、五項目のみで関空の記載が見あたらず。会見の最後に「なお、私が取り組む重要プロジェクトとして関空の建設があります」と発言。大勢の記者が会見室に押しかける事態に。 12月　日中閣僚会議のため中国訪問。天津・秦皇島石炭積出港改善事業支援を約束。	5・16 社会党提出の内閣不信任案に福田派・三木派が欠席したため可決され、衆議院解散 6・12 大平首相死去 6・22 衆参同日選挙。投票率七四・五%。自民党圧勝（ハプニング選挙） **7・17 鈴木善幸内閣成立** 11・29 金属バット事件発生（神奈川県で二〇歳の浪人生が金属バットで両親を殴殺した）
56年	一九八一 60歳	**1月　国鉄経営改善計画で赤字ローカル線七四本廃止を発表。** 国鉄改革は塩川が都市出身の議員であったからできたもの。選挙区に赤字ローカル線があった場合、積極的に勧められたかどうか。例えば前任の運輸大臣・地崎宇三郎氏の選挙区・北海道では三六の路線の内、四分の三が廃線対象だった。 3月　関西国際空港建設にともなう環境影響評価（三点セット）表を三府県知事に提出。 12月　内閣改造により運輸大臣を辞し、総務会長代理となる。	2・7 ホテルニュージャパン火災 3・16 第二次臨時行政調査会発足（会長土光敏夫）
57年	一九八二 61歳	2月　『国会への招待』出版。 11月　自民党国民運動本部長就任。	8・18 参議院全国区廃止、比例代表制導入 **11・27 中曽根康弘内閣成立**

58年	一九八三 62歳	**12・18　衆議院議員当選（七回）**。 12月　衆議院安全保障特別委員長に就任。 12月　清和会会長に安倍晋太郎指名されるに伴い清和会常任幹事に就任。	1・11　中川一郎自殺 9・11　ソ連、大韓航空機を撃墜 10・12　ロッキード事件で、田中元首相らに有罪判決 12・18　第三七回総選挙、自民党は惨敗 12・26　自民党（中曽根内閣）、新自由クラブと連立
59年	一九八四 63歳	**5・29　エルサルバドル共和国大統領の就任式に特派大使として出席**。 帰国してから政府と交渉し、東京都の廃車したバス（走行距離一万キロ程度で新車同様）七〇台を改造してエルサルバドルに贈った。	3・18　グリコ・森永事件 8月　臨時教育審議会設置
60年	一九八五 64歳	12月　自民党筆頭幹事長に就任。	1・17　田中元首相脳梗塞で入院 2・7　「創政会」発足 3・22　わが国初のエイズ患者が、厚生省の「エイズ調査検討委員会」により認定 8・13　日航機御巣鷹山に墜落 9・22　G5において「プラザ合意」ドル高から円高へ
61年	一九八六 65歳	**7・7　衆議院議員当選（八回）**。 **9・9　文部大臣に就任（中曽根内閣）**。 この前夜、清和会では佐藤誠一郎東大教授を招いて水上温泉で研修会を開催していた。その席で安倍晋太郎外務大臣から塩川に、直ちに総理官邸へ行くよう指示が出て、9月8日午後十時	7・7　衆参同日選挙 8・15　新自由クラブ解党

62年			
一九八七	66歳		
		頃藤尾文部大臣の罷免と塩川の文相就任が決まった。9日、閣議ののち塩川と中曽根首相はフランスより買ったばかりの政府専用ヘリコプターに搭乗して那須のご用邸へ参上。陛下から認証を受ける。 **臨教審の最終答申を文部大臣として受け取る。** 臨教審の議論の内容は、その都度中曽根首相に伝えられ、首相も審議の途中で「骨太の答申を出して欲しい」「抽象論ではなく具体論を出して欲しい」と注文をつけたほど煮え切らないものだった。さらには、臨教審は総理直属の諮問機関であるので文部大臣といえど、一切委員会に関係するな。発言も許さないと言われる。しかしながら塩川は、一度だけ大臣の意見を聞くようにと申し入れ、役員会で陳述が許される。「初等教育の目的は倫理観の統一だ」と人間としての在り方の問題を問うも、臨教審側は「臨教審はそんなことを議論する場ではない」。塩川は「それなら、臨教審は何をするところですか」と反論した。自民党の文教制度調査会（会長・坂田道太）は「大臣はよくぞ言った」と支持をした。 また、柔道団体の統一の際、塩川は文部官僚と激論。歴代の文部大臣のうち、文部官僚と激しくやりあったのは塩川だけだといわれている。	
			4・1 国鉄分割 民営化 9月 昭和天皇、宮内庁病院で慢性膵炎の手術 10・20 中曽根裁定により竹下総裁が決定 11・6 自民党竹下派「経世会」結成、

		12月　清和会（安倍派）事務総長に就任。	党内最大派閥に **11・6　竹下登内閣成立**
63年	一九八八 67歳	12・1　東洋大学理事長に就任。東洋大学を総合大学に発展させると宣言。	3・13　青函トンネル完成 7月　リクルート疑惑発覚 12月　宮沢副総理、秘書のリクルート関係に責任をとって閣僚を辞任、続いて官房長官の藤波孝生氏などが逮捕される
64年 平成 元年	一九八九 68歳	1月　自民党政治改革委員会会長代行に就任。 6・2　内閣官房長官に就任（宇野内閣）。 9月　自民党税制調査会副会長就任。 9月　自民党大阪府連会長就任。	1・7　昭和天皇崩御 2・24　大喪の礼 3月　リクルート社江副元会長ら起訴 4・1　消費税スタート 4・25　竹下首相、退陣を表明 **6・2　宇野宗佑内閣成立** ＊6・3　中国で天安門事件が勃発 7月　参議院選挙で地滑り的な自民敗北。宇野内閣総辞職 6・24　美空ひばり死去。国民栄誉章に **8・9　海部俊樹内閣成立** この頃、バブルの絶頂期 ＊11月　ドイツ、ベルリンの壁崩壊 ＊12月　マルタ会談、米ソ両首脳が冷戦終結を宣言 12月　株価日経平均三九、一五五円を記録

2年	一九九〇 69歳	**2・18　衆議院議員当選（九回）。** **3月　自民党税制調査会長に就任。** 土地価格沈静策として地価税を可決したのは4月。すでにバブル経済は終わって、デフレ不況に入る傾向にあった。 **5・2　虎の門病院入院、胃を切除。** 検診で胃ガンが見つかり、手術を受ける。術後、東京新聞5月12日の朝刊には「『風邪をひいたら重病、入院したら再起不能』との説が流されることが当たり前とあって、できるだけ公表せず、ましてガンなど思い病名はタブーとされてきた。ところが塩川正十郎は、『早期ガンは治るものだから』とあえて胃ガンでの入院・手術を公表した。塩川氏のタブーへの〝挑戦〟、政界はかわるのか。」と大きく報道され政界でも話題になった。	2・18　第三九回総選挙 4・1　不動産融資規制 6月　バブル経済終わる
3年	一九九一 70歳	1・5　再度、虎の門病院入院（腸の一部切除手術）。 **11・5　自治大臣・国家公安委員会委員長に就任（宮沢内閣）。** 地方行政に精通した人間として、自治省所管の選挙制度改正と政治改革の問題に取り組む。政治改革とは金のかからない選挙制度にするということ。なぜ多額の資金が必要なのかといえば、中選挙区であるために、自民党が政権政党になるためには衆議院で過半数以上の議席をとらなければならない。一三〇ある選挙区の中選挙区で二人以上当選させる必要がある。複数の候補が立候補するから、議員同士の競争が激しく、そのために党内で派閥が生まれ、派閥の領袖は派閥を維持するために資金集めに汲々とする。それがロッキード、リクルート、佐川などの事件となった。政治不信の元凶は政治家の不祥事で、その元凶はすべて中選挙区にあるという理論だった。	＊1・17　湾岸戦争始まる 1・24　政府、湾岸戦争支援に九〇億ドルの追加支出を決定 4・24　地価税法可決 5・15　安倍晋太郎死去 **11・5　宮沢喜一内閣成立**

年	西暦・年齢	事項	社会の出来事
		国家公安委員長としては、暴対法の成立について寄与、暴力団活動の封じ込めに成功した。	
4年	一九九二 71歳	12月　清和会座長に就任。	＊1・1　ソ連邦解体 6・15　ＰＫＯ協力法成立 10月　東京佐川急便からの五億円違法献金問題で金丸信が議員総辞職
5年	一九九三 72歳	**1・8　自民党政治改革推進本部長代理に就任。** **4月　衆議院本会議に於いて政治改革四法案の趣旨説明を行う。**党執行部に何度となく政治改革法案を成立させるよう働きかける。さもなければ野党は内閣不信任案を提出するだろう、そうなれば衆議院は解散せざるをえなくなると警告。羽田派が離党する可能性が高いことも指摘した。羽田派は自派から出していた閣僚二人を辞任させ、野党提出の不信任決議案に賛成。衆議院は解散となった。経世会が分裂したことによるハプニング。この不信任案に反対票を投じた上で党を去っていったのが新党さきがけのグループ。代表になったのが清和会の同士である武村正義など。党の恩義に報ずるために宮沢内閣を信任するが、党の政治改革への姿勢には反対で、新しい旋風を起こすため新党を結成することは、彼らから相談も受けていた。発想が純粋で熱意も強かったので、塩川は彼らの決断を壮とし、慰留はしなかった。 **7・18　衆議院議員当選（一〇回）。**	3・6　金丸信元自民党副総裁脱税の疑いで逮捕 6・18　衆議院で宮沢内閣不信任可決。同日衆議院解散 6・21　武村正義ら「新党さきがけ」を結成 6・23　羽田孜・小沢一郎ら「新生党」を結成 7・18　第四〇回総選挙。新党ブーム 7・22　自民党総裁に河野洋平 **8・9　細川護煕内閣（非自民六党派連立）成立**
6年	一九九四 73歳		1・29　政治改革四法案成立（小選挙区比例代表並立制、政党助成金等）

		9月　自民党改革実行本部長就任。政治汚濁の根源は政治資金にあり、さらにその犯罪起因は派閥選挙にあり、したがって派閥解消策として小選挙区制が問題となる。	**4・22** 羽田孜内閣成立 4・25 連立政権から社会党離脱 **6・29** 村山富市内閣成立、自社さ政権 ＊7・8 金日成北朝鮮国家主席死去 9・4 関西空港開港 12・8 新進党結成（新生・公明等）
7年	一九九五 74歳	**9月　自民党総務会長就任。**	1・17 阪神・淡路大震災（死者六四二五人、家屋全壊約一二万棟） 3・20 地下鉄サリン事件発生（死者一二人、重軽傷者五五〇〇人を越す。5・16麻原彰晃オウム真理教代表を逮捕）
8年	一九九六 75歳	**4月　自民党訪中派遣団団長として訪中。**冒頭、江沢民主席より塩川会長一行の訪中を熱烈に歓迎する旨の言葉があり、続いて塩川より、日中関係を今後一層発展させたいこと、中国がCTBT（全面的核実験禁止条約）に消極的ではないかということ、最近の中国が軍事大国になりつつあることを懸念していると述べた。それに対して江主席は「私は日本軍国主義が八年間に渡り中国を占領していた時代に占領地域にいたが、その歳月は忘れられない」と述べ、中国の軍拡のコンセンサスになっていることを暗に語った。中国の要人と歴史認識でやりあったのは塩川が初めてと言われている。 8月　アジア・オープン・フォーラムに貴賓として招待される（台湾、高雄）。 **10月　衆議院議員選挙に落選。**	**1・17** 橋本龍太郎内閣成立 10・20 第四一回総選挙（小選挙区比例代表並立制による初めての総選挙）

		小選挙区比例代表制に移行し選挙のノウハウが変化したこと。さらには総務会長として党執行部の最高幹部の職に就いていたので、党の重役は重複立候補せず、選挙区で当選すべしとの原則があったので比例代表に立候補しなかった。また選挙中、新人候補の応援などがあり自らの選挙区での後援会活動を十分にフォローアップできず、四千数百票の差で落選。「まさか」という自信があったので、テレビ報道を見て頭が真っ白になり崩れ落ちるほどのショックだった。	12・17 ペルー大使館公邸で人質監禁事件発生
9年	一九九七 76歳	虎ノ門一丁目に塩川正十郎事務所を開設。	4・1 消費税五%に 7・1 香港中国へ返還 11・17 北海道拓殖銀行破綻
10年	一九九八 77歳	4月 (財)日本武道館会長、(財)日本武道協議会会長に就任。	金融ビッグバン始まる 4・27 (新)民主党結成 **7・30 小渕恵三内閣成立**
11年	一九九九 78歳	経済不況金融危機問題解説のため、経済懇話会をつくり各地を遊説。	企業の大型合併・提携進む 1・14 自自連立、のち自自公連立政権
12年	二〇〇〇 79歳	**6月 衆議院議院選挙十一回目の当選。** 落選以来三年八カ月、時には苦しみ、死にたくなるほどの思いもあったが、捲土重来を信条にして初心に返り後援会の再編成、党勢拡張活動による支援作りに地元を駆けめぐり、生活のすべてをかけ努力。そんなときに思い出したのは「疾風は勁草を知り、日久しくして人心を見る」との教示。一万戸を訪問しようと決意し、雨の時も、寒風肌さす日や猛暑で目が眩むときも、秘書を督励して濃密なスケジュールで訪問を実行。家人と面会したいので早朝より訪問したり、夜、団らんのときに伺うときもあり。まさにどぶ板のごとくであった。七五歳過ぎての再起は希有なこととして絶賛する新聞もあり。	**4・5 森喜朗内閣成立** 6・25 第四二回総選挙

年	西暦・年齢	事項	社会の出来事
		7月 自民党・衆議院議員総会長に就任。 9月 自民党・大阪府衆議院比例区第一支部長。	
13年	二〇〇一 80歳	1月 自叙伝『勁草』を刊行する。 **4・26 財務大臣に就任（小泉内閣）。** 4・27 G7へ出席（ワシントン）。 7月 G7へ出席（ローマ）。 9月 APEC全体会議出席（中国）。 10月 不良債権の処理について速水総裁、竹中大臣、柳沢大臣と話し合う。	2・9 ハワイ沖でえひめ丸沈没 **4・26** 小泉純一郎内閣成立 8・13 小泉首相が靖国神社を参拝 ＊9・11 アメリカ同時多発テロ事件 ＊10・5 アメリカフロリダ州の新聞社に炭疽菌が送りつけられる ＊10・7 アメリカ軍によるアフガニスタン侵攻開始
14年	二〇〇二 81歳	1・20 アフガン支援会議。 1・28 G7（オタワ）出席。 7・4 ASEM出席（ロンドン）。 12・24 特殊法人整理。	＊1・1 ユーロ紙幣とユーロ硬貨の流通開始 ＊1・29 ブッシュ大統領が悪の枢軸発言 ＊4・15 中国国際航空一二九便墜落事故 9・17 小泉首相が、日本の首相として史上初めて朝鮮民主主義人民共和国を訪問。日朝首脳会談で、北朝鮮の金正日総書記が日本人拉致問題を公式に認める 10・8 小柴昌俊東京大学名誉教授にノーベル物理学賞、翌日には田中耕一島津製作所社員にノーベル化学賞の受賞が決定 12・1 東北新幹線盛岡駅～八戸駅間延長開業

15年	二〇〇三 82歳	1・11 マレーシア、マハティールを新宮殿に訪問。 4・12 G7およびIMFセッション（ワシントン）。 4・13 世界銀行・IMF合同会議。 5・3 E・B・R・D 欧州発展開発銀行総会。 5・11〜17 ノルマンディー視察 G7（パリ）出席。 7・5 ASEM全体会議 出席。 8・7 ASEAN＋3出席（マニラ）。 9・3 急性胆嚢炎手術。 9・12 定例閣議にて財務大臣を辞任。 **10月 衆議院議員を引退。**	1・14 小泉首相、靖国神社参拝 ＊2・1 スペースシャトル・コロンビア号、空中分解、墜落。宇宙飛行士七名全員死亡 4・1 郵政事業庁が日本郵政公社に 4月〜7月 SARS大流行 4・28 日経平均株価が七六〇七円八八銭の大底を記録 11・19 第四三回衆院選で連立与党が絶対安定多数の議席を確保し、**第二次小泉内閣が発足**
16年	二〇〇四 83歳	1月 東洋大学総長に就任。 2月 財団法人関西棋院 理事長に就任。 5月 財団法人日本相撲協会運営審議会委員に就任。	＊5・1 欧州連合に新たに十か国が加盟、合計二五か国になる 5・22 小泉首相が北朝鮮を再訪問。平壌で、日朝首脳会談が行われる。拉致被害者の家族五人が帰国 7・18 福井県で福井豪雨発生 11・1 日本で新紙幣発行。肖像画は、一万円札が旧紙幣と同じく福澤諭吉、五千円札が樋口一葉、千円札が野口英世 ＊12・26 スマトラ島沖地震が発生。M九・三

年	西暦・年齢	事項	社会の出来事
17年	二〇〇五 84歳	1月 港区西新橋一丁目日美ビルに塩川正十郎事務所を設置。 10月 『佳き凡人をめざせ』を加藤寛先生との対談の形式で刊行。	＊1・20 ブッシュが二期目のアメリカ合衆国大統領に就任 3・20 福岡県西方沖地震が発生 3・25 日本国際博覧会（愛知万博）「愛・地球博」が開幕（9月25日まで開催） ＊7・7 ロンドン同時爆破事件が発生
18年	二〇〇六 85歳		**9・26 安倍晋三内閣成立**
19年	二〇〇七 86歳	7月 自由国民会議代表に就任。	4・11 中国の温家宝首相が訪日。翌日安倍晋三首相と会談、日本衆議院本会議場で演説 **9・26 福田康夫内閣成立**
20年	二〇〇八 87歳	9月 大阪にて安藤忠雄氏代表となり関西経済連合会、経済同友会の有志らで「米寿を祝う会」。	9・1 福田康夫首相が辞意 9・15 アメリカの大手証券会社リーマン・ブラザーズが経営破綻。金融危機が世界的に拡大 **9・24 麻生太郎内閣成立** 11・4 アメリカ合衆国大統領選挙でバラク・オバマ（民主党）候補がジョン・マケイン（共和党）候補に圧勝。第四四代アメリカ合衆国大統領に当選
21年	二〇〇九 88歳	6月 『ある凡人の告白』上梓。	1・20 バラク・オバマが第四四代アメリカ合衆国大統領に就任。黒人の大統領は、米史上初めて

※年譜は、自叙伝『勁草』（塩川正十郎著・平成十三年発行）の記述を中心にまとめました。

選挙名	当落	届出	候補者氏名	党派	得票数	得票率(%)
平成2年2月18日執行 第39回総選挙 (大阪府第4区選挙区)		1	中田昌朗	無所属	58,848	8.46
	○	2	上田卓三	日本社会党	160,746	23.12
	○	3	矢野絢也	公明党	118,378	17.02
	○	4	塩川正十郎	自由民主党	223,219	32.10
	○	5	吉井英勝	日本共産党	134,186	19.30
				計	695,377	
平成5年7月18日執行 第40回総選挙 (大阪府第4区選挙区)	○	1	吉井英勝	日本共産党	112,967	15.60
		2	西野陽	自由民主党	94,507	13.05
	○	3	久保哲司	公明党	134,194	18.53
	○	4	山本孝史	日本新党	125,965	17.40
		5	上田卓三	日本社会党	112,232	15.50
	○	6	塩川正十郎	自由民主党	144,228	19.92
				計	724,093	
平成8年10月20日執行 第41回総選挙 (大阪府第13区選挙区)		1	塩川正十郎	自由民主党	83,254	37.92
	○	2	西野陽	新進党	90,784	41.35
		3	請川清	日本共産党	33,399	15.21
		4	相田勲	民主党	12,123	5.52
				計	219,560	
平成12年6月25日執行 第42回総選挙 (大阪府第13区選挙区)		1	吉井英勝	日本共産党	55,096	26.80
		2	佐藤芳男	政党自由連合	5,115	2.49
	○	3	塩川正十郎	自由民主党	109,614	53.32
		4	岡本準一郎	民主党	35,759	17.39
				計	205,584	

選挙名	当落	届出	候補者氏名	党派	得票数	得票率(%)
昭和 51 年 12 月 5 日執行 第 34 回総選挙 (大阪府第 4 区選挙区)		1	古川丈吉	自由民主党	103,253	16.84
	○	2	矢野絢也	公明党	127,696	20.83
	○	3	上田卓三	日本社会党	106,802	17.42
		4	水本務	民社党	58,361	9.52
	○	5	塩川正十郎	自由民主党	108,386	17.68
	○	6	三谷秀治	日本共産党	108,596	17.71
				計	613,094	
昭和 54 年 10 月 7 日執行 第 35 回総選挙 (大阪府第 4 区選挙区)		1	古川丈吉	自由民主党	89,245	15.01
	○	2	上田卓三	日本社会党	105,166	17.69
	○	3	三谷秀治	日本共産党	117,131	19.70
		4	水本務	民社党	54,930	9.24
	○	5	塩川正十郎	自由民主党	106,753	17.95
	○	6	矢野絢也	公明党	121,344	20.41
				計	594,569	
昭和 55 年 6 月 22 日執行 第 36 回総選挙 (大阪府第 4 区選挙区)	○	1	上田卓三	日本社会党	112,950	18.23
	○	2	三谷秀治	日本共産党	118,064	19.05
	○	3	塩川正十郎	自由民主党	204,016	32.92
	○	4	矢野絢也	公明党	135,378	21.85
		5	中田昌朗	無所属	49,241	7.95
				計	619,649	
昭和 58 年 12 月 18 日執行 第 37 回総選挙 (大阪府第 4 区選挙区)	○	1	矢野絢也	公明党	134,169	23.16
	○	2	上田卓三	日本社会党	101,884	17.58
	○	3	経塚幸夫	日本共産党	105,585	18.22
	○	4	塩川正十郎	自由民主党	164,460	28.38
		5	中田昌朗	民社党	73,303	12.65
				計	579,401	
昭和 61 年 7 月 6 日執行 第 38 回総選挙 (大阪府第 4 区選挙区)	○	1	経塚幸夫	日本共産党	111,400	16.73
	○	2	矢野絢也	公明党	140,553	21.10
	○	3	塩川正十郎	自由民主党	203,387	30.54
	○	4	上田卓三	日本社会党	144,265	21.66
		5	中田昌朗	民社党	66,427	9.97
				計	666,032	

塩川正十郎　選挙得票数

選挙名	当落	届出	候補者氏名	党派	得票数	得票率(%)
昭和42年1月29日執行 第31回総選挙 (大阪府第4区選挙区)	○	1	久保田鶴松	日本社会党	66,097	14.78
	○	2	古川丈吉	自由民主党	70,981	15.87
	○	3	塩川正十郎	自由民主党	74,625	16.68
		4	木下正治	日本社会党	60,316	13.48
	○	5	矢野絢也	公明党	75,775	16.94
		6	加藤充	日本共産党	35,817	8.01
		7	栗山礼行	民主社会党	63,715	14.24
				計	447,326	
昭和44年12月27日執行 第32回総選挙 (大阪府第4区選挙区)	○	1	塩川正十郎	自由民主党	65,413	13.90
		2	木下正治	日本社会党	51,086	10.85
	○	3	矢野絢也	公明党	94,078	19.99
	○	4	古川丈吉	自由民主党	71,643	15.22
		5	久保田鶴松	日本社会党	60,939	12.95
		6	加藤充	日本共産党	57,798	12.28
	○	7	栗山礼行	民社党	69,680	14.81
				計	470,637	
昭和47年12月10日執行 第33回総選挙 (大阪府第4区選挙区)		1	古川丈吉	自由民主党	75,350	13.37
	○	2	塩川正十郎	自由民主党	103,731	18.40
	○	3	三谷秀治	日本共産党	116,523	20.67
	○	4	久保田鶴松	日本社会党	94,873	16.83
	○	5	矢野絢也	公明党	104,441	18.53
		6	栗山礼行	民社党	68,776	12.20
				計	563,694	

あとがき

世の中の出来事は、すべて起承転結の一巡回の順序を踏んで動いている。些少なビジネスでもプランをし、製作・営業・販売という実行があって、それを評価検討の結果、さらに改良改革を加える。その結果が製品の向上となり、ビジネスの発展が推進される。講演会の開会と閉会は大変重要な役割で、「起」と「結」によって、「承」と「転」の価値が変ってくる。講演会での閉会の辞、偲ぶ会での発起人の挨拶等はよく紋切型のものになるが、最も難しい役割であるから、出版物も同様で「はじめに」と「あとがき」がその書籍を最も端的に評価するものになる。

私は、このたびこのような愚劣な思想と意見を発表し更に「あとがき」をそえることは、まさに自殺行為にも等しいことであろうと憂慮している。しかしながら、私の三七年間にわたる代議士生活は私一人のものではなく、多く後援者のお陰であると感謝している。心底から支援して下さった多くの人々から政治家としての事業報告と決算書を提案せよとの督促がありその言葉に甘えた結果が本書である。迷妄したが無位無官となった老人の過去談であり、平凡人の好運に恵まれた人生の過程を述べただけのことであるから、世間には影響ないと安堵している。いわゆる傍目八目《おかめはちもく》、放言である。気軽に読んでいただけて幸甚に存じます。

最後に一言、人生は達者でなければ意味がありません。御自愛を祈る。

二〇〇九年五月

塩川正十郎

＊敬称は略させていただいた場合がある

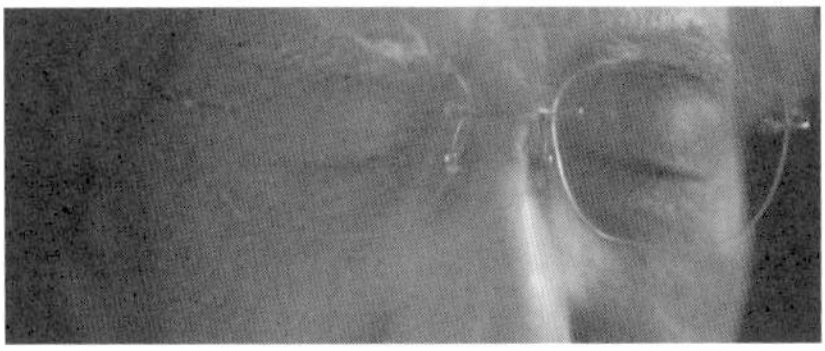

著者紹介

塩川正十郎（しおかわ・まさじゅうろう）

1921年（大正10年）、大阪府東大阪市（旧布施市）に生まれる。慶應義塾大学経済学部卒業。

1943年に徴兵され、翌44年学徒出陣。46年に復員。55年頃から青年会議所運動に参加し、欧州視察に出向く。64年布施市助役兼三市合併事務局長に就任。

1967年の衆議院選で初当選、当選11回。72年総裁選の田中角栄、福田赳夫両氏による「角福戦争」を体験。73年米国の農産物（大豆）輸出規制抗議のために、通商産業政務次官として米・加に出張。

76年内閣官房副長官、80年運輸、86年文部、91年自治各大臣、89年内閣官房長官を務める。90年自由民主党税制調査会長、95年党総務会長などの党内要職も歴任。2001年4月～03年9月、小泉純一郎内閣の財務大臣を務めた後、政界を退く。

現在、東洋大学総長、（財）関西棋院理事長、自由国民会議代表など多方面で活躍中。

2008年には米寿を祝う会。

ある凡人《ぼんじん》の告白《こくはく》――軌跡《きせき》と証言《しょうげん》

2009年6月30日　初版第1刷発行 ©

著　者　塩川正十郎

発行者　藤原良雄

発行所　株式会社　藤原書店

〒162-0041　東京都新宿区早稲田鶴巻町523
電　話　03（5272）0301
FAX　03（5272）0450
振　替　00160-4-17013
info@fujiwara-shoten.co.jp

印刷・製本　図書印刷

Printed in Japan
ISBN978-4-89434-691-8

後藤新平の全仕事に一貫した「思想」とは

後藤新平歿八十周年記念事業実行委員会 編

シリーズ

後藤新平とは何か

——自治・公共・共生・平和

四六変上製・予各 200 ～ 250 頁　各巻予 2200 円
各巻解説・特別寄稿収録　　2009 年 3 月発刊

■後藤自身のテクストから後藤の思想を読み解くシリーズ。
■後藤の膨大な著作群をキー概念を軸に精選、各テーマに沿って編集。
■いま最もふさわしいと考えられる識者のコメントを収録し、後藤の思想を現代の文脈に位置づける。
■現代語にあらため、ルビや注を付し、重要な言葉はキーフレーズとして抜粋掲載。

後藤の思想の根源「自治」とは何か

自治

〈目次〉
序　シリーズ発刊によせて
　後藤新平の「自治」とは
I　後藤新平のことば
II　いまなぜ「自治」なのか
　鶴見俊輔／塩川正十郎／片山善博／養老孟司
III　「自治」とは何か（後藤新平）
　自治生活の新精神
　附・自治団綱領草案および釈義
　　ドイツ・ハンザ同盟大要
　自治制の消長について
　自治三訣　処世の心得

四六変上製　二二四頁　二二〇〇円
第一回配本（二〇〇九年三月刊）◇978-4-89434-641-3

組織あるところに、官僚主義あり

官僚政治

後藤新平
J・オルツェウスキー

解説＝御厨貴
コメント＝五十嵐敬喜／尾崎護／
　榊原英資／増田寛也

近代社会が不可避に直面する「官僚主義」に、後藤新平はどのように向き合ったのか？

四六変上製　二八八頁　二八〇〇円
第二回配本（二〇〇九年六月刊）◇978-4-89434-692-5

●続刊案内〈季刊〉
都市（次回配本）

名著の誉れ高い長英評伝の決定版

評伝 高野長英 1804–50

鶴見俊輔

江戸後期、シーボルトに医学・蘭学を学ぶも、幕府の弾圧を受け身を隠していた高野長英。彼は、鎖国に安住する日本において、開国の世界史的必然性を看破した先覚者であった。文書、聞き書き、現地調査を駆使し、実証と伝承の境界線上に新しい高野長英像を描いた、第一級の評伝。 **口絵四頁**

四六上製 四二四頁 **三三〇〇円**
(二〇〇七年一一月刊)
◇978-4-89434-600-0

総理にも動じなかった日本一の豪傑知事

安場保和伝 1835–99
〈豪傑・無私の政治家〉

安場保吉編

「横井小楠の唯一の弟子」(勝海舟)として、鉄道・治水・産業育成など、近代国家としての国内基盤の整備に尽力、後藤新平の才能を見出した安場保和。気鋭の近代史研究者たちが各地の資料から、明治国家を足元から支えた知られざる傑物の全体像に初めて迫る画期作！

四六上製 四六四頁 **五六〇〇円**
(二〇〇六年四月刊)
◇978-4-89434-510-2

近代日本随一の国際人、没百年記念出版

近代日本の万能人・榎本武揚 1836–1908

榎本隆充・高成田享編

箱館戦争を率い、出獄後は外交・内政両面で日本の近代化に尽くした榎本武揚。最先端の科学知識と世界観を兼ね備え、世界に通用する稀有な官僚として活躍しながら幕末維新史において軽視されてきた男の全体像を、豪華執筆陣により描き出す。

A5判 三四四頁 **三三〇〇円**
(二〇〇八年四月刊)
◇978-4-89434-623-9